Nietzsche

Questions contemporaines

Collection dirigée par Jean-Paul Chagnollaud, Bruno Péquignot et Denis Rolland

Chômage, exclusion, globalisation… Jamais les « questions contemporaines » n'ont été aussi nombreuses et aussi complexes à appréhender. Le pari de la collection « Questions contemporaines » est d'offrir un espace de réflexion et de débat à tous ceux, chercheurs, militants ou praticiens, qui osent penser autrement, exprimer des idées neuves et ouvrir de nouvelles pistes à la réflexion collective.

Dernières parutions

Jean BRILMAN, *L'Intellectuel, le Politique et le Marchand,* 2018.
Hervé DE TRUCHIS, *Résolution des conflits. Aïkido et médiation*, 2018.
Stéphane EHRLICH, *La République barbare, essai de psycho-politique*, 2018.
Bernard PECQUEUR et Fabien NADOU (Sous la dir. de), *Dynamiques territoriales et mutations économiques. Transition, intermédiation, innovation*, 2018.
Florian GUÉRIN, Edna HERNANDEZ et Alain MONTANDON (Dir.), *Cohabiter les nuits urbaines, Des significations de l'ombre aux régulations de l'investissement ordinaire des nuits*, 2018.
Cédric STOLZ, *Des animaux sur la Terre, Nouvelle édition*, 2018.
Robert BIBEAU, *La démocratie aux Etats-Unis, les mascarades électorales,* 2018.
Nathan RULENS, Wendy Brown, *Démocratie et identité face au néolibéralisme,* 2018.
Karine BECHET-GOLOVKO, *Russie : la tentation néolibérale*, 2018.
Rodolphe SOLBIAC (dir.), *Penser et repenser le postcolonial dans le Monde Atlantique*, 2018.

Thierry LASPALLES

Nietzsche

Le chameau, le lion et l'enfant

Il faut deviner le peintre, si

l'on veut comprendre le tableau.

Friedrich Nietzsche,

Considérations inactuelles,

III, 3, p. 34.

TABLE DES ABREVIATIONS
pour les écrits de Nietzsche

--- Ecrits autobiographiques :

PE *Premiers écrits*, Livre de Poche, « Classiques de Poche », 2002.

EA *Ecrits autobiographiques* Editions Manucius, « Le Marteau sans maître », 2011.

CO *Correspondance* I, II, III, IV, Gallimard, « nrf », 1986, 1986, 2008, 2015.

--- Ecrits de jeunesse :

EJ « Ecrits de jeunesse », Gallimard, « Bibliothèque de la Pléiade », 2000.

--- Ecrits de la maturité :

OPC *Œuvres philosophiques complètes*, t. I à XIV, Gallimard, « nrf », 1977, dont :

AC *L'Antéchrist* , t. VIII

AEE « Sur l'Avenir de nos établissements d'enseignement », t. I **

AU *Aurore*, t. IV

CI *Crépuscule des idoles*, t. VIII

CIn *Considérations inactuelles* 1 et 2, t. II * ; 3 et 4, t. II **

CW *Le Cas Wagner*, t. VIII

EH *Ecce Homo*, t. VIII

GM *La Généalogie de la morale*, t. VII

GS *Le Gai savoir*, t. V

HtH *Humain trop humain*, t. III ? v. 1 et 2

NT *La Naissance de la tragédie*, t. I *

NcW *Nietzsche contre Wagner* , t. VIII

PBM *Par-delà bien et mal*, t. VII

PTG « Philosophie à l'époque tragique des Grecs », in *Ecrits posthumes 1870-1873*, t. I **

FP *Fragments posthumes*, t. IX à XIV

--- Chez d'autres éditeurs :

APZ *Ainsi parlait Zarathoustra* (traduction G.-A. Goldschmidt), Livre de Poche, 1983.

AVANT-PROPOS

Ce livre est un portrait : le portrait psychologique et moral d'un « philosophe ». Sachant que, pour Nietzsche, une philosophie n'est en fin de compte que l'expression de la personnalité même de son auteur[1]. N'écrivait-il pas, en effet, des penseurs grecs présocratiques : *la seule chose qui peut encore nous intéresser dans des systèmes qui ont été réfutés, c'est précisément la personnalité* [2] ? Un jour, sans doute, le nietzschéisme sera réfuté ; il restera Nietzsche.

Ce portrait n'est en rien une apologie. Il y a, sous la plume de Nietzsche, bien assez de propos dignes, pour qu'on ne le tienne pas quitte de ceux qui ne le sont pas. L'auteur n'ayant pas cru devoir occulter les aspects contradictoires (et l'on sait qu'ils sont fort nombreux) de sa personnalité, le lecteur pourra donc lire, chemin faisant, les uns et les autres. A lui de porter le jugement qu'il souhaite, l'auteur, le cas échéant, ne faisant guère mystère du sien.

Le genre du portrait appartient en premier lieu à la peinture (il donne à voir) et en second lieu, par métaphore, à la

---

[1] Monique Dixsaut, *Nietzsche,* « Par-delà les antinomies », Vrin, 2012, p. 102 : *Toute philosophie est une biographie.*

[2] PTG, « Avant-propos », p. 211.

littérature (il donne à entendre). Pour satisfaire au mieux ce dernier point, il convenait de faire écho à la voix même de Nietzsche. C'est la raison pour laquelle nous n'avons pas hésité à en multiplier les citations, tant en ce qui concerne les textes à caractère autobiographique (écrits de jeunesse et lettres) que les œuvres de portée théorique (y compris les « fragments posthumes »).

On aura compris que ce petit livre, au demeurant modeste, n'entend nullement contribuer au mythe, déjà fort bien entretenu, de Nietzsche. Cela n'enlève rien, cependant, au respect qu'après plusieurs années de lecture de ses biographes et portraitistes, de son œuvre, ainsi que de nombre de ses commentateurs, son auteur estime devoir à sa personnalité, à sa pensée et à son style.

INTRODUCTION

Surtout n'allez pas me prendre pour un autre ! avait prévenu Friedrich Nietzsche[3]. Comment, dès lors, se garder d'une telle méprise, si l'on entend faire de lui – c'est le propos de ce livre – un portrait autant que possible ressemblant ? Eh bien, en s'efforçant de faire un portrait qui soit, en somme, nietzschéen, sans être pour autant nietzschéiste. Car le maître l'a dit et redit : il n'a nul besoin de disciples. Et, par conséquent, *Zarathoustra ne doit pas devenir le berger et le chien d'un troupeau*[4].

L'on ne saurait dire que ses avertissements aient été toujours entendus des épigones. En effet, Nietzsche n'a-t-il pas été présenté, tour à tour, comme le précurseur du nazisme et de « Mai 68 » ? Mazzino Montinari parle à ce propos d'*un nouveau mythe* (...), *où coexistent des éléments d'une idéologie conservatrice et réactionnaire avec des éléments d'inspiration marxiste, anarchiste ou « de gauche »*[5]. Etonnants zélateurs de qui a stigmatisé, et les populistes antisémites (*il n'y a pas vraiment en Allemagne*

[3] EH, « Avant-propos », 1, p. 239.
[4] APZ, « Prologue de Zarathoustra », p. 22.
[5] M. Montinari, *« La Volonté de puissance » n'existe pas,* Editions de l'Eclat, 1996, p. 104.

de clique plus impudente et plus stupide[6]), et les socialistes libertaires (*les grincements de dents farouches des chiens anarchistes*[7]) !

Nietzsche n'a pas fait mystère de ses partis pris : antidémocrate (*être indépendant est l'affaire d'un très petit nombre ; c'est un privilège des forts*[8]), antisocialiste (les *attrapeurs de rats qui veulent vous enflammer de folles espérances*[9]), misogyne (*il ne manque pas de stupides partisans du féminisme*[10]) ? Et sans compter d'autres, plus dommageables encore, à caractère raciste (*la race soumise a fini par y reprendre le dessus*[11]), voire eugéniste (*Périssent les faibles et les ratés ! Premier principe de notre philanthropie. Et il faut même les y aider*[12]). Cependant, pas plus qu'on ne saurait les masquer, ni d'ailleurs les relativiser au prétexte que l'auteur affirmerait tout et le contraire de tout, alors même qu'il dit exactement ce qu'il veut dire, au moment où il le dit, l'on ne saurait réduire sa personnalité intellectuelle à ses erreurs, fussent-elles les plus outrées.

Plus que quiconque, Nietzsche a rendu légitime la tâche de ses portraitistes et biographes. Et n'en a-t-il pas énoncé clairement les principes ? A commencer par le principe

---

[6] FP XII, 7, [67]. Notons que Nietzsche, au contact notamment de Wagner, avait lui-même cédé à l'antisémitisme.
[7] PBM, § 202, p. 115.
[8] *id.*, § 29, p. 49.
[9] AU, § 206, p. 161.
[10] PBM, § 239, p 156.
[11] GM, « Première dissertation », 5, p. 228-229. Nietzsche parle ici de l'Europe de son temps.
[12] AC, 2, p. 162.

psychologique du primat des pulsions : *J'ai toujours écrit mes œuvres avec tout mon corps et ma vie : j'ignore ce que sont des problèmes « purement spirituels »*[13]. Principe dont relève la philosophie elle-même (singulièrement *toute grande philosophie*), qui n'est autre que *la confession de son auteur, des sortes de mémoires involontaires*[14]. Bien avant l'autoportrait final d'*Ecce Homo* (1888), l'on trouve d'ailleurs chez Nietzsche lui-même, dès l'adolescence, sous le titre *Ma vie*, de courts textes autobiographiques, échelonnés de 1858 à 1864.

Précisant ce qu'il entend par « confession », il y oppose aux *événements fortuits* (...), aux *faits extérieurs, toujours changeants,* à quoi se réduit souvent le genre, *l'ensemble des petites expériences intimement vécues, qui naissent organiquement de la nature de l'homme*[15]. Celle de Nietzsche manifeste un parti pris résolument aristocratique. Elle le montre affecté de ce qu'il nomme *désir passionné de distance*[16], qui est la pulsion propre aux membres de la noblesse. L'on trouve, d'ailleurs, dans son « roman familial », sous le nom de Nietzky (qui aurait été celui de ces ancêtres[17]), le fantasme d'une telle ascendance. L'accent mis par lui sur la culture (laquelle, affirme-t-il, est le produit d'une aristocratie héréditaire[18]), de

---

[13] AU, fragment posthume 4 [285], p. 436.

[14] PBM, § 6, p. 25.

[15] PE, pp. 63-64. Cf. également PBM, § 6, p. 26 : *Chez un philosophe, sa morale surtout révèle les plus profonds instincts de sa nature.*

[16] PBM, § 257, p. 180.

[17] EH, « Pourquoi je suis si sage », 3, p. 248 : *Je suis un noble polonais* ***pur sang***.

[18] PBM, § 213, p.134 : *Nul ne pénètre dans un monde supérieur à moins d'y avoir un droit de naissance.*

même que sa conception du génie comme *aristocratie de corps et d'esprit*[19], n'étant autre que le *résultat final du travail accumulé des générations*[20], ne sauraient diminuer, cependant, la part de déterminisme social qu'elles impliquent.

Ainsi Nietzsche peut-il affirmer : *nous ne croyons qu'au devenir, même dans les choses spirituelles* [21] ; et que, par conséquent, une personnalité morale et intellectuelle est elle-même le fruit d'une histoire, comme l'indique précisément le sous-titre d'*Ecce Homo* (« Comment on *devient* ce que l'on est »). C'est pourquoi l'opposition entre portrait et biographie – une opposition d'ailleurs relative (*je me conte ici ma* vie[22], déclare-t-il, en effet) – devra être dépassée, de manière à pouvoir compo ser ici un véritable **portrait en devenir** de Nietzsche. Lui-même, par la voix de Zarathoustra, en avait conçu le moule, dans la parabole suivante : *Je vous énonce trois métamorphoses : comment l'esprit se mue en chameau, le*

---

19 HTH I, § 243, p. 171.
20 CI, « Divagations d'un « inactuel », § 47, p. 141.
21 *Nietzsche*, « Vie et vérité », textes choisis par Jean Granier, PUF, 1971, p. 73.
22 EH, « Avant-propos », p. 244.

chameau en lion, et le lion en enfant[23]. Reprenant explicitement ce schéma, Gilles Deleuze propose de distinguer *trois stades de la vie* de Nietzsche, reliés à *trois moments de son œuvre*[24]. C'est ce canevas de fable biographique, avec son triptyque d'animaux et de personnage « conceptuels »[25], qu'on a repris ici. La vie intellectuelle de Nietzsche y apparaîtra comme une série de mutations intérieures. En effet, il en va de cette vie comme de la vie organique, ainsi que le montre cet aphorisme : *Le serpent qui ne peut changer de peau périt. De même les esprits que l'on empêche de changer d'opinions ; ils cessent d'être esprit*[26].

A la question : qu'est-ce qu'une vie ?, Nietzsche répond : ***croître**, en un mot*[27]. Autrement dit, prend-il soin d'ajouter, *avant tout **déployer** sa force*[28]. Aussi a-t-il placé sous le signe de la « volonté de puissance » ce pouvoir d'auto-transformation et d'autodépassement, propre à l'existence sensible, mais également spirituelle, et qui fait d'une vie, comme le déclare encore Zarathoustra, *ce qui doit toujours se surmonter soi-même*[29].

---

[23] APZ, « Des trois métamorphoses », p. 29.

[24] G. Deleuze, *Nietzsche*, PUF, « Philosophes », 1965, p. 5. Cf. également Daniel Pimbé, *Nietzsche*, Hatier, 1997, p. 87 : *les étapes de l'itinéraire de Nietzsche.*

[25] Nous étendons ici aux animaux la notion de « personnage conceptuel », théorisée par Gilles Deleuze.

AU, § 573, p. 289.

[27] FP XI, 37 [11], p. 319.

[28] PBM, § 13, p. 32.

[29] APZ, II, « Du surpassement de soi », p. 159.

COMMENT L'ESPRIT DEVIENT CHAMEAU

La première des expériences humaines, la plus commune au plus grand nombre, est celle de l'obéissance. L'esprit y devient symboliquement *chameau*, l'animal *qui aime à porter les fardeaux*, *que le respect habite*, et dont la maxime est impérativement *« Tu dois »*[30]. Autrement dit, *ce respect qui est propre à la jeunesse, cette réserve de délicatesse craintive à l'égard de toutes les valeurs anciennes et révérées, cette gratitude pour le sol qui l'a nourrie, pour la main qui l'a guidée, pour le sanctuaire où elle a appris l'adoration*[31]. Qu'on ne se hâte pas, dès lors, de moquer l'animal disgracieux. Car de quels fardeaux s'agit-il ? De rien de moins, écrit encore Gilles Deleuze, que des *fardeaux de l'éducation, de la morale et de la culture*[32]. Autant de valeurs millénaires, parmi lesquelles nombre des valeurs dites « modernes » : ainsi de la famille, de l'école, du travail, de la nation, etc.

---

[30] APZ, I, « Les discours de Zarathoustra », p. 29.
[31] HtH, I, « Préface », 3, p. 15.
[32] G. Deleuze, *op. cit.*, p. 5.

Plus encore que bien d'autres, Friedrich Nietzsche, en *garçon d'un conformisme extraordinaire*[33], aura porté vaillamment les lourdes charges du devoir. Celle d'un milieu familial, dont le strict traditionalisme le prédestinait, lui fils et petit-fils de pasteur, au sacerdoce. Celle d'une instruction rigoureuse, notamment en philologie, discipline qu'il enseignera, plus tard, au lycée et à l'université, durant dix ans. Celle d'une culture artistique (principalement musicale et poétique), placée d'abord sous le sceau de la célébration familiale.

Le fardeau de la famille

Le plus ordinaire des fardeaux est aussi le plus lourd. Surtout quand il renferme, comme ce fut le cas pour Nietzsche, la tradition religieuse (une double lignée de pasteurs protestants) et l'épreuve affective (la mort prématurée du père). Des conséquences dommageables de ce drame précoce, et notamment de sa dépendance prolongée par rapport à sa mère et à sa sœur, on ne saurait conclure trop vite, cependant, à quelque *Familles, je vous hais* de Nietzsche. Son expérience en ce domaine, comme en bien d'autres, fut, en effet, complexe, voire ambivalente. Il y a, en effet, deux « côtés » (au sens proustien) de l'affectivité du jeune Nietzsche. Lui-même a invoqué une *double ori-*

[33] Roger-Pol Droit, *La Compagnie des philosophes*, Odile Jacob, 1998, p. 244.

gine [34] : deux pôles, où se partagent les figures du père et de la mère, chacune associée à un lieu symbolique.

Poésie du cœur [35]

Creuset de la nostalgie, le côté de Röcken, village natal, est dominé par l'image paternelle. Image de la spiritualité, religieuse et morale, mais aussi culturelle.

Encore adolescent, Friedrich sommait l'autobiographe en herbe de se changer en *naturaliste perspicace*[36], afin d'observer, au cœur de sa contrée originelle, la plante humaine. La contrée : un coin de terre et d'eau, souvent noyé par le brouillard, et dont le sol marécageux l'a vu croître, dans cette partie est de l'Allemagne centrale, que forme la Saxe prussienne. Austère village, où désormais Nietzsche repose, et qu'il décrit *entouré de taillis et d'étangs séparés par de minces bandes de terre* et *bordés de fraîche verdure* plantée *de saules noueux*, ainsi que *de peupliers et d'ormes*[37]. La plante : c'est dans le double voisinage de la mort (*je suis né près du cimetière*) et de la foi (*je suis né dans un presbytère*[38]) que, par un jour blême de l'automne 1844, elle prend racine. Du presbytère, *entouré de jardins et de vergers*, *ombragé de trois ormes*, il évoque avec at-

---

[34] EH, « Pourquoi je suis si sage », 1, p. 245.

[35] G.W.F. Hegel, *Esthétique* **, III, 3, ch. III, 3, Le Livre de poche, 1997, p 549. Désigne, dans le roman (notamment d'apprentissage), les idéaux affectifs, hérités de l'enfance.

[36] PE, p. 64.

[37] PE, respectivement pp. 22, 59, 22.

[38] *id.*, p. 64. »

tendrissement *les tonnelles, les bancs*, de même que *la perfection de son aménagement intérieur*[39], et conclut : *une pointe puissante en a gravé en moi l'empreinte*[40].

Atmosphère vénérable, qu'incarne la piété du pasteur luthérien. *Je tiens pour un grand privilège d'avoir eu un tel père*, écrira le fils dans l'ultime portrait qu'il en a donné[41]. D'allure aristocratique, doté d'une grande finesse et d'un sens esthétique très sûr (*pourvu de tous les dons de l'esprit et de la sensibilité*[42]), et d'ailleurs musicien, Karl Ludwig Nietzsche (1813-1849), légitimiste pro-prussien, qui avait été précepteur d'un des enfants de la famille royale, représenta pour l'enfant *la parfaite image de ce qu'est un pasteur de campagne*[43]. Il ne lui aura manqué qu'une santé plus florissante : affecté très tôt de « ramollissement cérébral », il eut à souffrir, outre d'une grande excitabilité, et sans doute de troubles de l'humeur, de migraines, de nausées, de douleurs oculaires, de troubles du langage, avant de décéder à l'âge de trente-six ans. Bref, conclut l'adolescent, *il était délicat, aimable et morbide, comme un être qui ne pouvait faire que passer*[44].

La triade cimetière-presbytère-mélancolie (*en tant que mon propre père, je suis déjà mort*[45]) fait de Röcken éga-

---

39 *id.*, respectivement pp. 59, 22, 59.

40 *id.*, p. 24.

41 EH, « Pourquoi je suis si sage », 3, p. 248.

42 PE, p. 21.

43 *ibid* . Cf. aussi EH, « Pourquoi je suis si sage », 3, p. 248 : *les paysans devant qui il prêchait (…) disaient de lui : « C'est à cela que doit ressembler un ange ! ».*

44 EH, « Pourquoi je suis si sage », 1, p. 245.

45 *ibid.*

lement un pôle symbolique de déclin, propre à faire de Nietzsche un *décadent*[46]. Il ira jusqu'à concevoir un mimétisme entre les deux destinées (*à l'âge où sa vie déclina, la mienne aussi se mit à décliner*[47]). Et il est vrai que ses propres troubles physiologiques, plus tard dans sa vie, évoqueront de façon frappante ceux dont mourut son père. Ajoutons, pour clore le portait, que c'est à ce pôle de paternité symbolique que se rattacheront plus tard les figures tutélaires de Ritschl (le maître de philologie), ainsi que celles de Schopenhauer, puis de Wagner.

Jamais « la poésie du cœur » ne perdra ses droits pour Nietzsche. Toujours les excursions de l'adolescent, puis de l'homme, l'amèneront à renouer avec la nature environnante : *les belles montagnes, les vallées, les rivières*[48], qui lui ont inspiré ses premiers poèmes. En attendant, il fait coïncider la fin de ce moment avec la perte irréversible de l'enfance, et datera de ce temps *une certaine propension à la contemplation et au silence*[49].

Prose des relations sociales [50]

Le côté de Naumburg, qui représente l'autre versant de l'univers mental de jeunesse de Nietzsche, fut celui de la mère, mais aussi de la ville, lieu des expériences so-

---

[46] *ibid.*
[47] *ibid.*
[48] PE, p. 65.
[49] *id.*, p. 58.
[50] G.W.F. Hegel, *op.cit.*, p.549. Désigne cette fois les apprentissages de la vie commune.

ciales, dans le cadre de la famille, de l'école, ainsi que de l'amitié, si importante dans la suite de sa vie. C'est pourquoi l'installation de la famille, en avril 1850, dans cette ville protestante et conservatrice, représente, écrira-t-il, *la première des ruptures qui ont jusqu'ici scandé (sa) vie*[51].

Elle-même fille de pasteur, Franziska Oehler (1826-1897), jolie femme mince, n'a de son mari, ni la finesse, ni la spiritualité ; et sa piété, comme sa vertu, s'enferment volontiers dans le conformisme. Cependant, elle est d'une nature généreuse, comme le montrera son dévouement pour son fils. Et, fait important, *jouissant d'une santé de fer jusqu'à un âge avancé*[52], elle incarne, à l'inverse du père, le pôle de la vitalité. Avec une touche sanguine, et un rien colérique, que l'on retrouve dans le tempérament impulsif de son fils. Aussi, qu'il s'agisse d'exercices physiques (patinage, natation, plus tard marche), ou qu'il s'agisse d'alimentation (sujet auquel il sera attentif tout au long de sa vie : un passage d'*Ecce Homo* en témoigne[53]), *c'est elle qui a poussé Nietzsche à une vie salubre*[54]. Et c'est en ce sens qu'il a pu écrire : *c'est en tant que je suis ma mère que je vis encore, et vieillis*[55]. C'est pourquoi, en dépit des imprécations de la fin, adressées à la mère, aussi bien d'ailleurs qu'à la sœur (*mon plus exact opposé, l'incommensurable bassesse des instincts*[56]), il n'a jamais

---

51 PE, p. 67.

52 Curt Paul Janz, *Nietzsche*, « Biographie », I, Gallimard, 1984, p. 38.

53 EH, « Pourquoi je suis si avisé », 1, p. 259 : *« Comment au juste dois-tu te nourrir pour atteindre au maximum de ta force* (…) *?*

54 Mazzino Montinari, *Friedrich Nietzsche*, PUF, p. 18.

55 EH, « Pourquoi je suis si sage », 1, p. 245.

56 *id.,* 3, p. 248.

rompu le cordon ombilical. Et l'on comprend qu'il ait pu dire avoir été, par sa mère, *un* ***commencement***[57].

Un enfant *trop sérieux pour son âge*[58] : ainsi Rüdiger Safranski présente-t-il le jeune Friedrich. Un enfant modèle, surnommé par ses camarades de classe de l'école communale : *le petit pasteur*[59]. Si l'on ajoute à cela *le rudiment du grec et du latin*[60] et les leçons de piano, nous avons le portrait du parfait « fort en thème ». Ses premiers pas d'écrivain, cependant, ne vont pas sans affectation (il ironise sur ce qu'il y a en lui de *la dignité d'un petit philistin*[61]). Comment ne pas louer, toutefois, l'étonnante précocité de l'enfant prodige, principalement dans ses compositions poétiques et musicales ? D'où ce prestige et cette autorité naturelle, réellement charismatiques, auprès de ses jeunes amis et camarades de classe, dont l'un de ces derniers affirme qu'il leur apparaissait comme *Jésus aux docteurs du Temple* »[62]. A noter enfin, déjà, une puissance de travail, qui devait l'accompagner tout au long de sa vie consciente.

Le portrait du jeune Nietzsche serait faussé, si l'on devait conclure à un goût incurable en lui de la solitude. C'est, au contraire, la fréquentation assidue des amis (expérience récurrente dans sa vie ultérieure) qui domine, en

---

[57] *id.*, 1, p. 245.
[58] Rüdiger Safranski, *Nietzsche*, « Biographie d'une pensée », Solin/Actes sud, 2000, p. 23.
[59] Cité par C. P. Janz, *op. cit.*, I, p. 40.
[60] PE, p. 28.
[61] *id.* p. 65.
[62] Cité par C. P. Janz, *op. cit.*, I, p. 48.

l'illuminant, le « côté » de Naumburg. Ainsi de ces deux fils de bonne famille, Gustav Krug et Wilhelm Pinder, l'un par l'indépendance d'esprit (*il ne s'occupait jamais de rien qui fût ordinaire*[63]), l'autre par la vocation littéraire (*nous nous communiquions nos poèmes*[64]).

Pour clore le chapitre des apprentissages artistiques, on notera, sous la forme d'« aphorismes », intitulés *Pensées sur la musique*, une première réflexion de Nietzsche sur son art de prédilection. En particulier cette profession de foi quasi métaphysique : *Il faut considérer comme des créatures sans âme, semblables à des bêtes, tous les hommes qui la méprisent*[65]. On sait la fortune que l'aphorisme, ce genre de la littérature dite « moraliste », connaîtra dans la suite de son œuvre.

Le fardeau de l'éducation

On pourrait s'étonner de voir figurer au nombre des fardeaux l'éducation scolaire et universitaire de Nietzsche. Car il n'en est sans doute pas de mieux accepté par l'esprit-chameau que celui d'une rigoureuse formation intellectuelle (*une dure discipline au moment voulu*[66]). D'autant que, sous la forme d'un enseignement de haute qualité dans le domaine de la philologie classique (c'est-à-dire de l'étude des langues et littératures grecques et la-

[63] PE, p. 33.
[64] *id.*, p. 34.
[65] *id.*, p. 46.
[66] FP XIV, 14 [161], p. 126.

tines), elle fait entrer l'adolescent dans l'aristocratie lycéenne d'un établissement unique en son genre en Allemagne. Mais on n'est pas « fort en thème » impunément ; et, même s'il se montra toujours fier de ses succès en la matière, Nietzsche n'en eut pas moins à se délester bientôt des contraintes (notamment professionnelles) qui en découlèrent, pour pouvoir devenir *l'esprit libre* que l'on connaît.

A bonne école [67]

De 1858, date à laquelle il est admis, après sélection, comme boursier, à 1864, année de son succès au baccalauréat, il sera, en effet, élève de la prestigieuse école de Pforta, académie royale, qui doit sa renommée aux anciens élèves devenus écrivains ou philosophes célèbres (notamment J. E. Schlegel, Klopstock, Fichte, Novalis). *Une école à laquelle,* dit-il, *je dois l'essentiel de ma formation et ce qu'elle a de plus caractéristique*[68]. Il ajoute y avoir montré *de l'intérêt pour tout, sauf la mathématique, trop rationnelle*[69].

C'est la seconde rupture, elle aussi voilée de mélancolie[70], à avoir marqué le destin de Friedrich Nietzsche. Quoique longtemps distant à l'égard de ses condisciples,

---

[67] *ibid.* : *Je ne vois pas comment quelqu'un qui aurait manqué d'aller en temps utile* ***à bonne école*** *peut réparer cela par la suite.*
[68] PE, p. 67.
[69] *id.*, p. 68.
[70] CO I, p. 76 : *Je quitte maison et famille avec leurs joies pour me retrouver dans un milieu étranger.*

le collégien de Pforta s'y fait cependant de nouveaux amis : Paul Deussen, fils de pasteur comme lui et comme lui appelé à devenir antichrétien[71], le baron Carl von Gersdorff, issu d'une des plus anciennes familles de la noblesse allemande, fidèle ami et parfois secrétaire de Nietzsche, dont il prononcera un bel éloge funèbre[72].

De ces années d'apprentissage ressort la rédaction, en 1862, des premiers textes philosophiques de Nietzsche : *Fatum et histoire* et *Libre arbitre et fatum*[73]. Curt Paul Janz voit là *le programme de toute sa vie et de toute sa pensée*[74]. Ces brefs recueils de pensées émanent, selon le jeune homme, d'*un œil libre et dénué de prévention sur la religion et le christianisme*[75], et permettent de dater l'apparition chez lui du doute religieux. On y trouve davantage encore : l'influence déjà des thèses « évolutionnistes » (*peut-être l'homme n'est-il que l'évolution de la pierre à travers la plante et l'animal ?*[76]), l'idée même d'une généalogie de la morale (*ainsi la morale est-elle le fruit d'une évolution générale de l'humanité*[77]), la première formulation de ce qui deviendra « perspectivisme »

---

[71] P. Deussen, *Souvenirs sur Frédéric Nietzsche,* Gallimard, 2001, p. 18 : il y loue en son condisciple *un enthousiasme exclusif pour tout ce qui est idéal.*

[72] C. P. Janz, *op. cit.*, p. 83, cite ce passage consacré à Nietzsche, dans une lettre Carl von Gersdorff : *Il séduisait par sa courtoisie dénuée de toute contrainte, devant laquelle tout accent de grossièreté, toute turbulence se voyaient d'eux-mêmes réduits au silence.*

[73] EJ, pp. 729-733 et 734-736.

[74] C. P. Janz, *op. cit.*, I, p. 85.

[75] EJ, p. 729.

[76] *ibid.*

[77] *ibid.*

(*tout ne nous parvient-il pas à travers le miroir de notre personnalité ?*[78]), l'énoncé d'un ferme antisocialisme (*vouloir imposer (...) une forme d'Etat ou de société précise à toute l'humanité* [79]). Il n'est pas jusqu'à l'une de ses plus dernières métaphores qui n'y apparaisse (*un enfant jouant avec des mondes*[80]).

Une telle précocité ne va pas pour autant sans influences, notamment celle du poète et moraliste américain, Ralph Waldo Emerson (1803-1882), dont Nietzsche vient de lire le premier volume d'*Essais* (1856), et dont il dira plus tard : *Jamais je ne me suis senti aussi à l'aise, aussi chez moi dans un livre*[81]. Charles Andler juge que Nietzsche en *a absorbé la pensée jusqu'à ne plus toujours la distinguer de la sienne* [82]. C'est que Friedrich se reconnaît d'emblée en cet autre fils de pasteur, dont le père est mort, alors qu'il n'avait que huit ans. Parenté de destin, mais aussi affinités de caractère (même individualisme aristocratique, même sensibilité artistique, même indépendance de pensée).

La période de Pforta fut, pour Nietzsche, l'occasion de se forger une personnalité littéraire. Par la lecture d'auteurs aussi bien classiques (les tragiques grecs, Salluste à qui il doit *(s)on sens de l'épigramme conçue*

---

[78] EJ, p. 731.
[79] *id.*, p. 732.
[80] *id.*, p. 733.
[81] Cité par Charles Andler, *Nietzsche*, « sa vie et sa pensée », I, Gallimard, 1958, p. 229.
[82] *id.*, p. 228.

comme style [83]) que modernes (les poètes romantiques, Goethe, Byron, Novalis, par-dessus tout Hölderlin). Elle fut enfin – et c'est sans doute l'événement intérieur le plus important – celle d'une crise spirituelle : *L'illusion d'un monde supraterrestre*, conclut-il, *a mis les esprits humains en porte à faux par rapport au monde terrestre : elle a été le fruit de l'enfance des peuples*[84]. Ainsi Nietzsche, au sortir de Pforta, a-t-il commencé à s'alléger d'un des fardeaux, et non des moindres, de sa jeunesse[85].

Demi-dieu de la philologie [86]

Inscrit, selon le vœu de sa mère, à la faculté de théologie de Bonn, Nietzsche renonce, dès la fin du premier semestre, et opte pour la philologie. Aussi Mazzino Montinari marque-t-il d'une pierre blanche ce moment de sa formation, qui se poursuivra, dès l'année suivante, à Leipzig. *Ces années,* écrit-il, *font certainement partie des quelques rares périodes où Nietzsche a joui d'un certain équilibre, et où il a été heureux (…), en rapport étroit avec son cher maître Ritschl, dans la ferveur de ses recherches, au sein d'une petite communauté d'amis* »[87]. Bonheur épicurien qui puise à l'effervescence de la vie estudiantine, rythmée non seulement par l'étude, mais

83 CI, « Ce que je dois aux anciens », 1, p. 146.
84 EJ, p. 737.
85 CO I, p. 368 : *exclusivement la vérité,* écrit-il à sa sœur, *fût-elle au plus haut point effrayante et abominable.*
86 EA, p. 123.
87 M. Montinari, *op. cit.* , p. 44.

aussi par le loisir. Ce regain de sociabilité de Nietzsche trouve à s'exprimer dans son adhésion à l'association de la « Franconia »[88]. Il finira, cependant, par déplorer *le matérialisme de brasserie*[89] de la plupart de ses camarades, redevenant alors, selon les propres termes d'une de ses lettres, *un être d'humeur chagrine, d'une fréquentation difficile*[90]. A quoi s'ajoute, parfois, une morgue proprement aristocratique[91].

En attendant, Nietzsche suit les cours très érudits du latiniste Friedrich Wilhelm Ritschl (1806-1876), qu'il considérera bientôt comme un véritable « père spirituel » (*en matière scientifique il est pour moi une sorte de conscience morale*[92]). Plus que les lettres classiques d'aujourd'hui, cette spécialité se présente comme une science linguistique et historique des textes de l'Antiquité. Et, plus qu'un ensemble de savoirs, comme une véritable discipline de l'esprit, *le désir de trouver son salut dans le port de l'objectivité, d'échapper à la valse sentimentale*

---

88 Il aura à cœur d'obtenir, lors d'un duel, la fameuse cicatrice rituelle.

89 CO I, p. 363. Il démissionnera de la « Franconia », en raison de ses tendances trop démocratiques : cf. C. P. Janz, *op. cit.*, p. 135.

90 EA, p. 129.

91 CO I, p. 330 : Au sujet de ses loueurs, Nietzsche donne à sa mère ce conseil en forme d'ultimatum : *Ce sont des gens honorables, mais des artisans. Que tu leur écrivisses me paraîtrait, en toute franchise, au plus haut point déplacé et tout à fait sans précédent. Je quitterais les lieux sur le champ.*

92 *id.*, p. 499.

des différentes inclinations artistiques[93]. Bref, une passerelle entre littérature et philosophie[94].

A cette période de fréquentation des auteurs anciens, Nietzsche rattache la formation de son propre style. C'est aux Latins (à Horace en particulier) qu'il doit d'avoir pu se forger peu à peu une expression exempte de tout jargon, de tout pédantisme, et une concision dans l'énergie, qu'il nomme précisément son *style « romain »*, selon lui ***aristocratique par excellence***[95]. Quant à la genèse de sa pensée, notamment sa pensée du tragique, tel qu'il le conçoit, c'est-à-dire dionysiaque (*un sentiment débordant de vie et de force, à l'intérieur duquel la douleur même produit l'effet d'un « stimulant »*[96]), il en est redevable naturellement aux Grecs.

La philologie classique lui apporte aussi la forte amitié d'Erwin Rohde, comme lui brillant philologue, schopenhauerien passionné, et *de tous ses amis, le seul avec lequel il n'adopta jamais un ton supérieur* »[97]. Leur correspondance témoigne, chez Nietzsche, des premières tensions entre philologie et philosophie, qui le conduisent à prendre des distances avec l'érudition pure, et à dénoncer sans ménagement *des chercheurs dépourvus de toute étincelle de génie* », ainsi que *leur travail de taupes* (…), *leur*

[93] EA, pp. 121-122.

[94] CO I, p. 556 : A l'heure de rédiger sa dissertation de doctorat, il envisagera un sujet concernant *« le concept d'organique depuis Kant ».*

[95] CI, « Ce que je dois aux Anciens », 1, pp. 146-147.

[96] *id.*, 5, p. 151.

[97] C. P. Janz, *op. cit.*, p. 179.

indifférence à l'égard des véritables, des urgents problèmes de la vie (...)[98]. Au moment de partir pour Bâle enseigner la philologie, il notera combien *le sérieux philosophique est déjà en (lui) trop profondément chevillé* pour ne pas *irriguer (sa) science des flots de ce sang neuf*[99].

Ce double intérêt philologique et philosophique lui fait découvrir Démocrite, figure très « moderne » du philosophe antique. C'est à la lumière des conceptions contemporaines, en effet, que Nietzsche éclaire sa pensée. Ainsi de son rationalisme (*il est le premier parmi les Grecs à parvenir au* ***tempérament scientifique***[100]), voire de son positivisme (*il croyait au bonheur des hommes pour peu que sa méthode scientifique devînt effective ; ce qui rappelle Auguste Comte*[101]).

L'apport le plus marquant de la philologie à Nietzsche reste une idée appelée, dans sa réflexion future, à une place importante, celle d'« inactualité » : *Je suis le disciple d'époques plus anciennes, notamment de l'antiquité grecque, et* (...) *c'est seulement dans cette mesure que j'ai pu faire sur moi-même, comme fils du temps présent, des découvertes aussi inactuelles*[102]. Cette indépendance d'esprit (*Peut-être ne suis-je pas de ceux qui suivent sans interruption, avec une naïveté d'enfant, la voie qu'on leur*

---

[98] CO I, p. 624.
[99] *id.*, p. 662.
[100] EJ, p. 738.
[101] *id.*, p. 739.
[102] CIn II, « préface », p. 94.

a tracée[103]) préfigure ce qu'il nommera *esprit libre*, et dont nous parlerons bientôt sous la métaphore du lion.

Le fardeau de la culture

Si la culture elle-même, du moins la culture dite « moderne », devient, pour Nietzsche, fardeau, c'est toutefois dans un autre ordre d'expérience : *un ordre* qu'il considère *entre tous sublime*[104], un ordre où l'on porte les valeurs les plus élevées (notamment de l'art et de la philosophie). Aussi bien s'agit-il moins de la culture que l'on a reçue que de celle que l'on s'est peu à peu donnée à soi-même (pour ce qui le concerne, par la découverte de Schopenhauer et de Wagner), y compris par rejet au moins partiel de la précédente (philologique, en l'occurrence). S'ouvre alors *un nouveau cycle de devoirs*[105].

Schopenhauer éducateur [106]

C'est à Leipzig, en octobre 1865, que Nietzsche fait la lecture du *Monde comme volonté et comme représentation* (1819) du philosophe allemand Arthur Schopenhauer, *le seul maître dont (il) ai(t) à (s)'enorgueillir*[107]. Lecture

---

[103] EA, p. 123.

[104] CIn III, 5, p. 57.

[105] *id.*, 5, p. 51.

[106] Titre de CIn III.

[107] CIn, III, 1, p. 21. Cf. également 2, p. 25 : *Je le compris comme s'il avait écrit pour moi.*

capitale, qui vaut quasi conversion à la philosophie[108]. L'affinité entre les deux esprits (*qu'on pense à un fils instruit par son père*[109]) est fondée sur des aspects aussi bien esthétiques (*il a vraiment un style, tandis que la plupart des philosophes n'en ont pas*[110].) qu'intellectuels (*il pense sans s'empêtrer dans une scholastique conceptuelle*[111]), et ce dans le cadre d'une vision du monde alors identique (*Il nous a ôté des yeux le bandeau de l'optimisme*[112]). Ajoutons qu'en matière d'athéisme, Schopenhauer est, aux yeux de Nietzsche, *le premier maître philosophique*[113]. Dans la métaphysique (*le monde est ma volonté*) du premier, l'instinct vital[114] est conçu comme une pulsion aveugle, souffrante (parce que toujours insatisfaite), et que, faute de pouvoir l'anéantir, la conscience individuelle s'efforce de neutraliser. L'esprit lui-même n'est qu'un instrument de l'instinct. Dès lors, il n'y a pas de connaissance objective (*le monde est ma représentation*).

Cependant, plus que comme un dogme, Nietzsche a bientôt considéré le texte de Schopenhauer comme le témoignage d'une expérience singulière[115] : celle du génie,

---

[108] Giorgio Colli, *Après Nietzsche*, Editions de l'Eclat, 1987, p. 54 : l'auteur parle d'*un appel vers un destin plus élevé.*
[109] CIn, III, 2, p. 26.
[110] EJ, p. 744.
[111] CIn III, 6, p. 34.
[112] CO I, p. 441.
[113] CIn III, 4, p.47.
[114] *Der Wille zum Leben*, « volonté de vie », ou, plus couramment, « vouloir-vivre ».
[115] CO III, p. 198 : *Sur presque tous les points de doctrine, je suis dans le camp adverse* (...) *seul l'**humain** m'importait.*

source de toute vraie culture. On sait, en effet, l'usage personnel que fait Nietzsche d'un système philosophique, toujours réfutable, et finalement conçu comme l'expression de son auteur. Aussi, comme l'a montré Michel Haar, le rapport de l'étudiant de Leipzig avec ce nouveau maître spirituel s'établit-il sur deux plans différents, mais pas incompatibles : le plan affectif de l'admiration pour l'homme ; le plan intellectuel de la divergence de pensée [116]. *J'ai cherché en même temps*, précise Nietzsche, *un idéal inverse – une manière de pensée* (...) *qui dise le oui le plus énergique au monde*[117]. C'est pourquoi la « volonté de vie » elle-même (comme instinct de conservation de l'espèce) se voit détrôner par la « volonté de puissance » (orientée, quant à elle, vers le dépassement personnel). Et dès lors, la destinée souffrante de l'humanité est réinterprétée par Nietzsche comme ***à la fois*** *douleur suprême et plaisir suprême*[118].

Ce qu'incarne avant tout Schopenhauer, dans l'interprétation qu'en donne Nietzsche, c'est la figure d'un penseur « inactuel », *capable d'élever quelqu'un au-dessus de la déficience du temps présent*[119], dans le cadre métaphysique de *la pensée fondamentale de la* ***culture***[120]. Une figure, en définitive, en laquelle, avouera Nietzsche,

---

[116] M. Haar, *Nietzsche et la métaphysique*, « La rupture initiale avec Schopenhauer », pp. 65-78, Gallimard, « Tel », 1993.

[117] G. Colli et M. Montinari, in *Nietzsche*, « Cahiers de Royaumont », *op. cit.* : fragment posthume, cité p. 135.

[118] Cité par M. Haar, *op. cit.*, p. 68.

[119] CIn III, 2, p.25.

[120] *id.*, 5, p. 56.

est inscrite (s)on histoire intime, (s)on ***devenir***[121]. Le devenir-génie d'un jeune « disciple », pour qui, comme pour le maître, la fin de la culture n'est rien d'autre que la création des grandes œuvres.

L'esprit de la musique [122]

C'est en écoutant, en octobre 1868, à Leipzig, la musique de l'ouverture des « Maîtres chanteurs » de Richard Wagner, que Nietzche éprouva *le sentiment d'être ravi hors de (lui)*[123]. Il aura à cœur de rencontrer le musicien, voyant aussitôt en lui *la plus évidente incarnation de ce que Schopenhauer appelle un génie*[124], puis de le fréquenter, lors de cet épisode de sa vie que l'on nomme désormais « idylle de Tribschen »[125]. C'est là, au *soleil de l'amitié*[126], dans « l'île des bienheureux » du lac des Quatre-Cantons (*un véritable monde enchanté*[127], sous de hauts peupliers), qu'il vivra, pendant trois ans, dans l'intimité d'un couple sublimé à la lumière à la fois de la poésie (Wagner-Eschyle) et du mythe (Richard-Dionysos et Cosima-Ariane).

---

121 EH, « Les Inactuelles », 3, p. 295.

122 Sous-titre de la première édition (1872) de *La Naissance de la tragédie*.

123 CO I, p. 614.

124 *id.*, p. 632.

125 Ch. Andler, *op. cit.*, p. 334.

126 Daniel Halévy, *Nietzsche*, Grasset, « Pluriel », 1944, p. 115.

127 R. Wagner dans une lettre à Louis II de Bavière (15 avril 1866).

Tribschen est le second moment de bonheur de l'existence de Nietzsche (*j'ai moi aussi mon Italie*[128], écrit-il à Rohde, qui y séjournait en voyage d'études). Et ce bonheur est spirituel autant qu'affectif. C'est pourquoi, à propos de cette période, Dorian Astor parle de *phase utopiste*[129]. On y voit Nietzsche, à la fois disciple de Schopenhauer et de Wagner (lui-même schopenhauerien), rêver de contribuer avec eux, en une sorte de triade[130] du génie, à la promotion d'une culture allemande régénérée. Un tel *nationalisme intellectuel*, selon l'expression de Geneviève Bianquis[131], ne va pas alors sans un certain antisémitisme, coutumier aux Wagner, et auquel Nietzsche lui-même fait écho complaisamment, dans une lettre adressée au "Maître » pour son anniversaire, en parlant *d'invasion judaïque*[132].

Dans la dernière des *Considérations inactuelles*, « Richard Wagner à Bayreuth » (1876), Nietzsche fera le bilan de cette période-clé de sa vie. Là encore, comme avec Schopenhauer, il s'agit moins de l'œuvre du musicien que de son auteur lui-même, non pas seulement comme figure d'*un art nouveau, mais bel et bien de l'art lui-même*[133]. Aussi la création d'un théâtre, inauguré en 1872, est-elle

---

128 CO II, p. 53.

129 D. Astor, *Nietzsche*, Folio « biographies », 2011, p. 99.

130 Daniel Halévy, *op.cit.*, pp.122-123 : lettre de Wagner à Nietzsche (*Vous pouvez prendre sur vous toute une moitié de la tâche que le destin m'assigne*).

131 Nietzsche, *Naissance de la tragédie*, Folio, «essais », 1986, « Préface du traducteur », p. 13.

132 CO II, p. 14.

133 CIn IV, 1, p. 101.

nécessaire à sa consécration. Encore celle-ci ne doit-elle pas être celle du grand artiste du moment. C'est pourquoi, de façon prémonitoire, Nietzsche écarte par avance tout effet de mode, fût-elle « culturelle », et place son exigeant soutien sous le signe de l'inactualité. Car c'est au meilleur de lui-même que doit rester fidèle *le maître de la langue* et *l'inventeur de mythes*[134].

Comme si le pendule revenait à son point de départ[135], Wagner incarne, aux yeux de Nietzsche, le retour de l'hellénisme dans sa grandeur tragique retrouvée. *C'est dans cette tâche suprême* – la précision est d'importance – *que réside tout anoblissement des hommes*[136]. Bayreuth se doit d'être, par conséquent, le haut lieu d'une complète réforme de la culture occidentale. Plus wagnérien que Wagner lui-même : ainsi apparaît Nietzsche dans cette profession de foi. Comme ce fut le cas avec Schopenhauer, c'est le devenir propre du disciple qui transparaît dans celui du maître. Et Charles Andler, voit en cette nouvelle relation élective, le *génie naissant* qui se sent deviné par le génie reconnu[137].

Au terme de ce premier volet du triptyque que forme son portrait en devenir, Nietzsche déjà en est venu à s'alléger des plus anciens fardeaux. De celui, d'abord, de la famille, dont l'étroit traditionalisme le destinait au sa-

---

[134] *id.*, 3, p. 109.
[135] *id.*, 4 p. 113.
[136] *id.* 4, p. 118.
[137] Ch. Andler, *op. cit.*, p. 372.

cerdoce. Certes, il ne le déposera jamais totalement, déplorant la mort de son père (*Il me manqua la conduite rigoureuse et supérieure d'une intelligence virile*[138]). De celui, ensuite, de la religion chrétienne, à laquelle depuis son plus jeune âge l'attache précisément la figure du père, mais dont il a pressenti assez tôt quel piège elle lui tend[139], et dont il a commencé à ébranler le socle. Fardeaux auxquels s'ajoute celui, récent, de la philologie dont, au moment même de l'enseigner (et fort brillamment d'ailleurs), les limites lui apparaissent.

C'est dire si, dans le lointain, déjà percent les premiers rugissements du lion, à qui il revient désormais de mettre à mal les valeurs établies de la « modernité ». Cependant, bien des dettes demeurent. A commencer par celle, alourdie par les circonstances historiques (celles de la guerre austro-prussienne de 1866[140], puis celles du conflit de 1870 avec la France[141]), à l'égard de l'Allemagne.

---

[138] EA, p. 125.

[139] GS, § 271, p. 185 : ***Où résident les plus grands dangers ?*** *Dans la compassion.*

[140] CO I, p. 444 : *Voici venu le temps de la grande épreuve, de l'épreuve du feu pour le programme national.*

[141] Bien qu'ayant renoncé à la nationalité allemande pour pouvoir enseigner à l'université de Bâle, il obtient un congé pour pouvoir s'engager (à condition, toutefois, de ne pas porter les armes). Il sera envoyé comme infirmier dans la zone des combats, et bientôt hospitalisé pour cause de diphtérie.

Notons qu'à l'occasion de l'épisode de la Commune de Paris et de la fausse nouvelle de la destruction du Louvre, il dénonce *le crime d'un combat contre la culture* (*id.*, p. 188), et se dit *effrayé par la tête d'hydre internationale* (CO II, p. 187) du mouvement ouvrier.

COMMENT L'ESPRIT DEVIENT LION

Il n'est rien de plus impératif, ni de plus impersonnel que l'amour des valeurs communes. Aussi – et c'est la seconde des trois métamorphoses – est-il besoin du *lion de l'esprit, afin d'arracher sa liberté à son amour*[142]. Le lion, dont la maxime est : *« Je veux »*[143]. Il s'agit pour lui, désormais, d'*opposer, même au devoir, le « non » sacré* [144]. C'est là l'expérience d'une critique qui se veut radicale : *« Ne peut-on pas retourner* ***toutes*** *les valeurs ?* s'exclame l'impérieuse voix, *et le bien ne serait-il pas le mal ? »*[145]. L'expérience aussi d'une crise personnelle (*un effroi, un soupçon subits pour ce qu'elle aimait*[146]), dans ce passage de l'héritage à l'hérésie, d'où *les maux et les douleurs inhérents à l'histoire du grand affranchissement*[147].

Pour Nietzsche, cette mise en cause ne porte pas seulement sur les valeurs traditionnelles (religieuses et morales), elle porte plus encore sur les valeurs « modernes » :

---

[142] APZ, p. 31.
[143] *id.*, p. 30.
[144] *id.*, p. 31.
[145] HtH, I, « Préface », 3, p. 16.
[146] *ibid.*
[147] *ibid.*

d'où son caractère fortement *inactuel*[148]. Et, si elle prend la forme générale d'une critique de l'idéalisme[149], elle inclut ses formes, notamment politiques, les plus contemporaines (démocratie, socialisme). Il n'y a pas jusqu'aux valeurs culturelles proprement nietzschéennes (déjà la métaphysique de Schopenhauer, bientôt l'opéra wagnérien) qui ne puissent devenir fardeaux, et être à leur tour récusées. Ainsi, sous le masque encore sage du philosophe et du musicien, surgit la figure tragique de Dionysos (celle d'*un devenir qui ne connaît ni satiété, ni dégoût, ni lassitude*[150]).

Philologie pensante

Elu professeur à l'unanimité[151] à l'université de Bâle, en Suisse alémanique, Nietzsche se voit accorder « d'office » le doctorat pour ses travaux antérieurs sur Diogène Laërce. Aux huit heures d'enseignement de langue et littérature grecques à la faculté, viennent s'ajouter six heures en classe supérieure du « Paedago-

---

[148] CIn III, 3, p. 37 : à propos de Schopenhauer, Nietzsche évoque les *dangers d'époque* et *autres périls qui tenaient à son temps.*

[149] EH, « Avant-propos », 2, p. 240 : ***Renverser les idoles*** *(et par « idoles », j'entends tout « idéal »).*

[150] FP XI, 38 [12], p. 344.

[151] Karl Jaspers, *Nietzsche*, Gallimard, « Tel », 1950, p. 37, cite la recommandation de Ritschl, conclue par : *Il pourra tout ce qu'il voudra.*

gium »[152]. Son travail de philologue n'y sera jamais orthodoxe, tant il est convaincu que *la philologie manque de grandes pensées*[153]. Cependant, plutôt que de déposer simplement le fardeau de la philologie, auquel il demeurera attaché (au-delà même de l'interruption précoce de sa carrière universitaire), il en transforme peu à peu le contenu traditionnel. *Je voudrais être*, dit-il, *un peu plus qu'un dresseur de consciencieux philologues*[154].

« Nietzsche éducateur » [155]

L'enseignement de Nietzsche déborde bientôt les limites d'une simple discipline universitaire. Il s'exerce dans le cadre même d'une action culturelle. Promouvoir une véritable institution d'éducation : tel est, en effet, l'objet des cinq conférences *Sur l'avenir de nos établissements d'enseignement* (janvier-mars 1872). C'est à ce propos que Curt Paul Janz parle de *tournant décisif*[156], ajoutant : *Pour la première fois, (…) se fait jour l'éthique nietzschéenne d'une aristocratie de l'esprit*[157]. L'enjeu n'en est pas mince : s'y affirmer, non pas simple réformateur pédagogique, mais bel et bien *législateur*, posant *les*

---

[152] Etablissement intermédiaire entre lycée et faculté, et comparable aux actuelles classes préparatoires littéraires.
[153] Cité par R.-P. Droit, *op. cit.*, p. 247.
[154] CO I, p. 662.
[155] EH, « Inactuelles », 3, p. 295.
[156] C. P. Janz, *op. cit.*, p. 405.
[157] *id.*, p. 408.

vrais problèmes de la culture[158]. Et pour ce, dénoncer les nouvelles *méthodes antinaturelles d'éducation* des lycées allemands, méthodes qui visent à les rendre *« actuels »*[159]. Car elles sont caractérisées par *deux fatales tendances à l'élargissement et à la réduction*[160] de la culture.

Ce n'est rien d'autre ici que la démocratisation de l'enseignement qui est mise en cause. Et au nom d'un argument qui, pour Nietzsche, paraît aller de soi : ces tendances sont *contraires aux desseins constants de la nature*, c'est-à-dire à la *loi nécessaire* de *la concentration de la culture sur un petit nombre*[161]. Aussi l'élitisme nietzschéen leur oppose-t-il résolument *la tendance au* ***rétrécissement*** et *la tendance au* ***renforcement***[162]. Nietzsche rappelle ainsi ce qu'il considère comme *le principe capital*[163] de la culture : extraire de la masse une élite. Toute autre forme, dite *« universelle »*, n'est, à ses yeux, que *barbarie*[164], qui *est justement*, précise-t-il, *ce que suppose le communisme*[165]. Quant à la *barbarie cultivée*, celle notamment *de ceux qui travaillent dans les usines du journalisme et qui écrivaillent des romans*[166], elle tombe sous le coup de la même condamnation. Car le journaliste, *maître*

---

[158] SAE, « Avant-propos », p. 78.
[159] *id.*, « Préface », p. 75.
[160] *id.*, p. 76.
[161] *id.*, pp. 76-77.
[162] *id.*, p. 76.
[163] *id.*, « Première conférence », p. 92.
[164] *id.*, p. 95.
[165] *id.*, p. 368, note 2, renvoyant à la p. 95.
[166] *id.*, « Deuxième conférence », p.107.

de l'instant, a *pris la place du grand génie*[167], dont Nietzsche déplore qu'*on démocratise les droits*[168].

Le même renversement des valeurs « modernes » préside à la philologie enseignée par Nietzsche. Il récuse, en effet, la vision traditionnellement « rationaliste » de la Grèce. Celle-ci est pour lui, au contraire, une culture de la démesure, représentée aussi bien dans le mythe (Hésiode) que dans l'épopée (Homère). Il voit dans ce jeu primitif et violent des passions le « refoulé » de l'Occident, de son idéalisme moral. Issu d'un cours de mai 1872 sur les « préplatoniciens » (pendant inachevé de *La Naissance de la tragédie*), le texte de *La philosophie grecque à l'époque tragique des Grecs* introduit un parallélisme métaphysique entre cette philosophie et la tragédie, en raison d'une semblable tension entre *l'instinct de vie* et *l'instinct de connaissance*[169].

Chœur dionysiaque [170]

Les premières conférences de Nietzsche à l'université de Bâle, en janvier 1870, présentent les tragiques grecs comme des compositeurs d'opéra, dont il ne nous resterait que les livrets. Aussi la musique (celle du dithyrambe : *un sublime et gigantesque chœur de satyres chantant et dan-*

---

167 *id.*, p.97.
168 *id.*, p. 93.
169 PTG, 1, pp. 214-215.
170 NT, 8, p. 74.

sant[171]) est-elle, selon lui, mère de la tragédie. Et c'est en Richard Wagner qu'il en discerne *la tentative la plus sublime pour ressusciter cette vie grecque dans l'âme allemande*[172]. Publiée en 1872 et dédiée au grand musicien, *La Naissance de la tragédie*, écrira Nietzsche, *fut ma première inversion de toutes les valeurs*[173]. En effet, d'une part, il y relativise l'apollinisme traditionnel de la tragédie grecque au profit du dionysisme ; d'autre part, il y met en cause le socratisme lui-même, instrument du déclin, puis de la mort du genre. Chef-d'œuvre de la philologie pensante, ce livre d'esthétique, qui s'interroge plus largement sur *la prétendue « sérénité » des Grecs*[174], participe d'une métaphysique de l'art, sous le signe du maître de jeunesse, Arthur Schopenhauer.

Une métaphysique, puisqu'il s'agit pour la « volonté » de *se contempler elle-même dans cette transfiguration que lui offraient le génie et le monde de l'art*[175]. En particulier celui de la tragédie, seule à même d'affronter, en le sublimant[176], *ce dégoût pour l'horreur et l'absurdité de l'existence*[177]. Cette interprétation se présente sous la forme précise d'une réconciliation de *forces artistiques*

---

[171] *id*, p. 72.
[172] *La Naissance de la tragédie*, Folio, « essais », p. 275.
[173] CI, « Ce que je dois aux anciens », 5, pp. 151-152.
[174] *La Naissance de la tragédie*, Folio, « essais », p. 167.
[175] NT, 3, p. 52.
[176] Nietzsche emprunte à Schopenhauer le symbole du *voile de Maïa*, par lequel la conscience individuelle se défend du malheur universel.
[177] NT, 7, p. 70.

qui jaillissent de la nature elle-même[178], figurées par Apollon et Dionysos, respectivement dieu de *la belle apparence* et dieu de *l'instinct vital*[179] (plaisir et douleur mêlés).

Dans la généalogie de l'art tragique, le chœur dionysiaque (dont la figure principale est le satyre, *emblème de cette toute-puissance sexuelle de la nature*[180]) constitue la forme primitive. L'image de la vie originelle y apparaît *lavée de toutes les illusions de la civilisation*[181]. Le dialogue proprement dit en est la partie apollinienne, dans laquelle le héros (primitivement Dionysos lui-même, puis Œdipe et Prométhée, etc.) expie, dans *une insoluble et douloureuse contradiction entre l'homme et le dieu*[182], un savoir contre nature. Nietzsche considère, cependant, que cette forme première de la tragédie n'a pas survécu à Eschyle et Sophocle.

Selon lui, en effet, avec Euripide la tragédie meurt par suicide. Rapportant la légende selon laquelle Socrate (chez qui *l'instinct se fait critique*[183]), aurait collaboré aux drames d'Euripide, il juge que désormais *la masse elle-même se mêle de philosopher*[184]. Le poète dramatique aurait remplacé, en effet, le héros noble par l'esclave domes-

---

178 *id.*, 2, p. 46.
179 *id.*, 1, p. 44.
180 *id.*, 8, p. 72.
181 *ibid.*
182 *id.*, 9, p. 81.
183 *id.*, 13, p. 99.
184 *id.*, 11, p. 88.

tique. En réduisant par ailleurs la part du chœur, *la dialectique optimiste expulse la* ***musique*** *de la tragédie*[185]. Ainsi, conclut Nietzsche : *La tragédie... a fini tragiquement.* Et avec elle une sagesse de *la* ***justification*** *du mal humain*[186], selon laquelle *« tout ce qui existe est juste et injuste et, dans les deux cas, également justifié »*[187].

Dans cet *éclatant début d'un grand écrivain*[188], c'est tout le panorama de la culture occidentale qui est à la fois renouvelé, en deux de ses figures mythiques (Wagner-Dionysos et Schopenhauer-Apollon), et reconsidéré (par l'opposition conceptuelle Nietzsche-Socrate). C'est que l'Antiquité grecque est ici métaphore de la modernité, dans un même passage du drame tragique au drame bourgeois, autrement dit d'une forme aristocratique à une forme démocratique. L'engagement de Nietzsche pour la promotion de la culture nationale va plus loin encore, comme le montre clairement cette note préparatoire : *La nouvelle étape de l'art ne fut pas atteinte par les Grecs : elle est la mission germanique*[189].

C'est dire que son livre n'avait aucune chance d'être lu comme la thèse universitaire qu'on n'avait pas exigée de lui, avant même de le nommer professeur. Car, s'il traitait un sujet classique en philologie, c'était en fait pour le renouveler de fond en comble, en y introduisant avec audace

---

185 *id.*, 14, p. 103.
186 *id.*, 9, p. 81.
187 *id.*, 9, p. 83.
188 *La Naissance de la tragédie.*, Folio, « essais », p. 7.
189 FP I*, p. 314.

(et un rien de provocation) le concept, inédit en la matière, de « dionysisme » (*un problème de premier ordre, d'une grande séduction, et qui plus est, un problème profondément personnel*[190], reconnaît Nietzsche). De fait, il suscita une levée de boucliers, souvent scandalisée, des spécialistes, qui eut pour effet de marginaliser durablement Nietzsche dans sa propre discipline (*ils pensent que j'ai commis un crime en ne songeant pas d'abord à eux et à leur manière d'entendre les choses*[191]).

« Esprit libre »

Par *esprit libre*, Nietzsche n'entend pas le « libre penseur », et moins encore le « libertin » (fût-il aristocrate). Ces derniers s'en prennent à la tradition, notamment religieuse, tandis que l'esprit libre nietzschéen s'en prend d'abord aux valeurs, notamment politiques, sociales et morales, de la modernité. C'est pourquoi il est *l'esprit de ceux qui sont contre le temps*[192]. A l'image de Schopenhauer, à propos duquel Nietzsche note que *le prétendu fils de son temps n'en est que le* ***bâtard***[193]. Aussi l'esprit libre doit-il avant tout s'alléger des fardeaux de l'idéologie culturelle contemporaine (entre autres son rationalisme et son

---

190 NT, « Essai d'autocritique », I, p. 25.
191 CO II, p. 365.
192 CIn III, 3, p. 39.
193 *ibid.*

historicisme). Et il n'est pas de lutte plus âpre que celle qui est d'abord une lutte contre une partie de soi-même[194].

« Un lutteur contre son temps » [195]

Né à l'époque du « Printemps des peuples » de 1848, caractérisé par l'essor conjugué du nationalisme, du libéralisme et de la démocratie, Nietzsche fut, à n'en pas douter, influencé, au moins partiellement, par l'esprit de son temps[196]. On le voit notamment, encore étudiant, se passionner pour *l'Histoire du matérialisme* de Friedrich Albert Lange, à qui il doit en particulier la découverte des thèses évolutionnistes, notamment de Darwin et, d'une manière plus générale, une forme d'esprit positiviste. Il n'en reste pas moins que, pour l'essentiel, Nietzsche récuse les valeurs dites « modernes ».

Exercer une influence inactuelle : telle est, en effet, selon Nietzsche, la tâche de l'esprit libre : *agir contre le*

---

[194] FP II **, p. 209 : *Schopenhauer s'éduqua lui- même contre le temps, et dans le combat avec la conscience qu'il en prenait, il se combattit lui-même.*

[195] CIn II, 6, p. 135 : *Et s'il vous faut des biographies, que ce ne soient pas celles qui ont pour refrain : « Monsieur Un Tel et son temps », mais celles qui devraient avoir pour titre : « Un lutteur contre son temps ».*

[196] CW, « Avant-propos », p. 17 : *Je suis, tout autant que Wagner, un enfant de ce siècle, je veux dire un* ***décadent*** (…). On peut également voir là l'une des raisons de son amitié avec Malwida von Meysenbug, militante féministe, amie de Wagner, et comme lui ex-révolutionnaire de 18
48.

temps, donc sur le temps, et, espérons-le, au bénéfice d'un temps à venir[197]. Tout un programme, qui nécessite un engagement de plus en plus grand, notamment dans l'entreprise de Bayreuth (pose de la première pierre du théâtre, rédaction d'un « Appel aux Allemands », certes refusé par le comité de patronage). C'est d'ailleurs le moment où la vie va se confondre presqu'exclusivement avec l'œuvre. En raison de problèmes de santé (vives douleurs oculaires, migraines prolongées), Nietzsche est, en effet, déchargé de ses cours au Paedagogium, en 1878, avant d'obtenir de l'université un congé d'un an.

Sous le titre *Considérations inactuelles* (1873-1876), Nietzsche a donné une illustration brillante et vigoureuse de sa critique. Ces quatre essais polémiques (*quatre attentats*[198]) se présentent comme l'effort d'*une restauration de l'idée même de* **culture**[199]. Ils sont dirigés contre celle de son pays, réduite parfois à *une simple « opinion publique »*[200], en rien rehaussée par le récent succès des armes (*une grande victoire est un grand danger*[201]). Ce bilan de la culture allemande oppose deux versants : un versant négatif, où est stigmatisé *le prototype du « philistin de la culture »*[202] (« David Strauss, l'apôtre et l'écrivain ») et l'orientation *historiciste* de la science du passé (« De l'utilité et des inconvénients de l'histoire pour

---

[197] CIn II, « Préface », p. 94.
[198] EH, « Les inactuelles », 2, p. 292.
[199] *id.*, 1, p. 291.
[200] *ibid.*
[201] *ibid.*
[202] CIn I, 1, p. 19.

la vie ») ; un versant positif, dans lequel s'illustrent *deux « inactuels »* ***par excellence*** (« Schopenhauer éducateur » et « Richard Wagner à Bayreuth »).

David Strauss, figure littéraire du moment et *premier libre penseur allemand*[203], incarne à lui seul la pseudo-culture d'un « Reich » auto-satisfait par son triomphe militaire, lequel n'est en aucun cas, aux yeux de Nietzsche, une victoire de l'esprit allemand. A la fièvre nationaliste, dénoncée par ce pamphlet, vient s'ajouter, dans la seconde « considération », plus mesurée, la *fièvre historienne*[204], envisagée comme *signe caractéristique de déclin*[205]. Aux formes *monumentale* et *traditionaliste*, Nietzsche oppose la forme *critique* de l'histoire, la seule que lui-même n'entende *servir que dans la mesure où elle sert la vie*[206]. Conception qu'il avait lui-même illustrée, dans *La Naissance de la tragédie*. Il n'est pas impossible, d'ailleurs, de voir dans ce texte une réponse différée à la polémique qu'avait provoquée le livre.

A l'inverse, l'autre volet des *Inactuelles* célèbre (l'une dans la philosophie, l'autre dans l'art) un idéal de la culture, dans lequel *Schopenhauer et Wagner* (*ou, en un mot, Nietzsche*[207]) se voient investis de *tâches proprement historiques*[208] de régénération de la pensée tragique. La figure

---

[203] *id.*, p. 293. Notons que sa *Vie de Jésus* (1835) contribua fortement à détacher Nietzsche de sa croyance religieuse. .

[204] CIn, II, « Préface », p. 94.

[205] EH, « Les Inactuelles », 1, p. 291.

[206] CIn II, « Préface », p. 93.

[207] EH, « Les Inactuelles », 2, p. 292.

[208] *id.*, 3, p. 294.

du philosophe solitaire (*dans le temps, il combat ce qui l'empêche d'être grand*[209]) s'allie à celle de l'artiste public (avec qui *l'esprit de la culture hellénique plane* (...) *sur notre présent*[210]), dans la mission culturelle qui est assignée par Nietzsche au théâtre de Bayreuth, *cet événement promis à un* ***grand avenir*** (...) : *l'art véritable, l'art ressuscité*[211].

Que ce soit en matière de métaphysique, de musique, et plus encore de philologie, Nietzsche demeura longtemps un penseur sous influence. C'est pourquoi, dans la phase même où le « lion » naît, demeure une partie du fardeau porté par le « chameau ». Cependant, nul mieux que Nietzsche ne sut tour à tour s'éprendre et se déprendre de ses différents maîtres. Avant de devenir un opposé, chacun n'avait-il pas été comme une figuration de lui-même et d'un moment de sa pensée ? Aussi Nietzsche contre Schopenhauer (et son *aveugle volonté de morale*[212]), Nietzsche contre Wagner (et son *romantisme incurable*[213]), Nietzsche contre Ritschl (le plus fameux *dresseur de consciencieux philologues*[214]), c'est au fond toujours Nietzsche contre Nietzsche. Car, demande-t-il de façon explicite, *qu'exige un philosophe, en premier et dernier lieu, de lui-même ?*

---

[209] CIn III, 3, p. 39.
[210] CIn, IV, 4, p. 113.
[211] *id.*, 1, pp. 101-102.
[212] HtH, I, « Préface », 1, p. 14.
[213] *ibid.*
[214] Cf. supra, p. 47, note 154.

De triompher ***en lui-même*** *de son temps, de se faire « intemporel »*[215].

Intermède rationaliste [216]

C'est en *une sorte de cloître pour esprits libres*, à Sorrente[217], auprès de Malwida von Meysenbug et de son nouvel ami, le philosophe Paul Rée, que Nietzsche élabore un ouvrage d'un type nouveau, dans lequel il rompt avec la forme la plus traditionnelle de l'essai philosophique. L'aggravation de son état de santé (*J'atteignis le point le plus bas de ma vitalité*[218]) n'est pas étrangère à la mise en œuvre d'une écriture désormais discontinue, fragmentée en paragraphes de longueur variable, et recueillis selon un ordre thématique. C'est là ce que l'on nomme traditionnellement, quoique de manière approximative, des « aphorismes ». Une forme qui est, pour Nietzsche, *le grand paradoxe de la littérature, l'impérissable au milieu de ce qui change*[219].

On donne à cette période transitoire l'appellation de « positiviste ». On y voit la marque en Nietzsche du rationalisme de « l'esprit des Lumières » ; et il est vrai que le

---

215 CW, « Avant-propos », p. 17. C'est nous qui soulignons.

216 *La Naissance de la tragédie*, Folio, « essais », p. 11.

217 Lors d'une période de congé d'un an, qui débouchera sur sa démission de l'université.

218 EH, « Pourquoi je suis si sage », 1, p. 245. Atteint de quasi cécité, Nietzsche ne peut plus guère lire, ni écrire qu'aidé par ses amis.

219 HtH II, § 168, p. 84.

grand livre de cette époque, *Humain trop humain* (« Un livre pour esprits libres », 1878), est publié *en mémoire de Voltaire pour le centième anniversaire de sa mort, le 30 mai 1778*. Voltaire qui est, précise l'auteur dans sa dédicace, *l'un des plus grands libérateurs de l'esprit*. Lui-même avait noté, dès 1869, son propre *passage de l'art à la philosophie, de la philosophie à la science*[220]. Il désignait par là, non seulement l'exercice de la philologie, mais, de manière plus générale, *quelque chose comme un instinct de la connaissance, un petit rouage indépendant, qui, bien remonté, accomplit bravement sa tâche, sans que les autres instincts du savant participent à cette activité d'une manière essentielle*[221].

L'enjeu immédiat du livre, *monument commémoratif d'une crise*[222], est dans une double émancipation personnelle de Nietzsche, par rapport à Schopenhauer et à Wagner. Aux illusions de la métaphysique sont opposées les *petites vérités discrètes*[223] de la science, saluées comme progrès de la civilisation (ce qui n'est pas sans rappeler, en effet, la « loi des trois états » d'Auguste Comte). Et à la croyance en l'*origine miraculeuse*[224] des valeurs est substitué le sens historique de leur « évolution ». Quant au prestige de l'art (*la croyance*, écrit Nietzsche, *à je ne sais quel miracle du génie*[225]), lui-même est ramené à ses réalités de

220 EA, p. 124.
221 PBM, § 6, p. 26.
222 EH, « Humain trop humain », 1, p. 296.
223 HtH I, § 3, p. 25.
224 *id.*, § 1, p. 23. Cf. également *id.*, 2, p. 24 : *Le manque de sens historique est le péché originel de tous les philosophes.*
225 *id.*, § 146, p. 120.

méthode et de labeur[226]. Et c'est par l'anti-romantisme que le second tome (*Opinions et sentences mêlées*, *Le Voyageur et son ombre*), consacre la rupture avec Wagner (avec *le côté féminin et l'exaltation effrénée de ce romantisme* (…), *cet idéalisme mensonger*[227]).

Dans la préface tardive de 1886, ainsi que dans *Ecce Homo*, Nietzsche élargira la perspective du livre à la critique d'ensemble de l'idéalisme. Idéalisme religieux (*A-t-on clairement compris cet égarement de la raison et de l'imagination, on cesse d'être chrétien.*[228]), idéalisme social (*dans l'âme des opprimés, c'est chacun des* ***autres*** *hommes qui passe pour ennemi, brutal, exploiteur*[229]), idéalisme politique (*Le socialisme* (…) *désire la puissance étatique à ce degré de plénitude que seul le despotisme a jamais possédé*[230]), idéalisme moral (*une certaine foi aveugle en la bonté de la nature humaine*[231]).

Il n'y aurait pas, pour Nietzsche, en effet, de liberté de l'esprit sans une *campagne contre la* ***morale***[232], comme celle qui est menée dans *Aurore* (1881). La morale des philosophes, de Platon à Kant, en passant par Rousseau, y

---

[226] *id.*, § 162, p. 128 : *Le génie ne fait rien non plus que d'apprendre d'abord à poser des pierres, puis à bâtir, que de chercher toujours des matériaux et de toujours les travailler.*
[227] HtH II, « Préface », 3, p. 18.
[228] HtH I, § 135, p. 109.
[229] *id.*, § 45, p. 58.
[230] *id.*, § 473, p. 258.
[231] *id.*, § 36, p. 51.
HtH II, « Préface », 3, p. 18.
[232] EH, « Aurore », 1, p. 302.

est dénoncée comme *la plus grande maîtresse de séduction*[233], face à *l'**immoralité** foncière de la nature et de l'histoire*[234]. Ce nouveau volet de l'inversion de toutes les valeurs (et pas des moindres, en l'occurrence !) n'en est pas moins, selon Nietzsche, un livre *heureux, pareil à un animal marin qui prend le soleil entre les rochers*[235].

L'entreprise d'auto-libération de Nietzsche ne saurait être circonscrite à une période aussi étroitement délimitée. Né au terme de l'adolescence avec la perte de la foi, l'esprit-lion s'exerce en réalité jusqu'au terme de sa vie, et l'on en note même une recrudescence forte dans les toutes dernières années. Cependant, comme l'indique Gilles Deleuze, *l'enfant est dans le lion*[236] ; et si son ère n'a pas la même durée que celles du chameau et du lion, elle n'en constitue pas moins symboliquement l'ultime métamorphose possible de l'esprit nietzschéen.

---

[233] AU, « Avant-propos », 3, p. 15.
[234] *id.*, p. 16.
[235] EH, « Aurore », 1, p. 302.
[236] G. Deleuze, *op. cit.*, p.5.

COMMENT L'ESPRIT DEVIENT ENFANT

Comme le dit Martial Gueroult, le lion finit par *piétine(r) tous les fardeaux, même celui du nihilisme*[237]. Nihilisme « passif » de la dévalorisation par le chameau des valeurs aristocratiques ; nihilisme « actif » de la dévalorisation par le lion des valeurs démocratiques. Le temps est alors venu d'un nouveau « oui », le *« oui » sacré*[238] ; et c'est précisément ce dont l'enfant nietzschéen est l'allégorie. Car, ajoute Zarathoustra, *l'enfant est innocence et oubli, un recommencement, un jeu, une roue roulant d'elle-même, un premier mouvement*[239]. Perceptible dès *Aurore* (laquelle est *un livre d'acquiescement* (…), *plein de bonté*[240]), ce mouvement s'accroît avec *Le Gai savoir*, pour culminer dans *Ainsi parlait Zarathoustra.* Cette ultime expérience est de toutes la plus périlleuse, car le mo-

237 M. Gueroult, in *op. cit.*, p. 10.

238 APZ, « Des trois métamorphoses », p. 32. Cf. également M. Gueroult, *op. cit.*, p. 10 : *La philosophie de Nietzsche* (…),*avec toute sa puissance de destruction, reste tout entière tendue jusqu'au dernier moment vers cet idéal d'affirmation.*

239 APZ, *id.*, p. 31.

240 EH, « Le Gai savoir », p. 305.

ment suprême de la grandeur n'est pas sans risque aux yeux de Nietzsche : *Il est une chose que j'appelle la* ***rancune*** *de la grandeur : une œuvre, une action, tout ce qui est grand, une fois accompli, se retourne sans tarder* ***contre*** *son auteur*[241].

« Grande santé »

Loin d'en désigner l'absence, l'hyperbolique locution de Nietzsche présuppose la maladie physiologique. A la condition pour celle-ci d'être vécue comme *un* ***stimulant*** *énergique de la vie, du « plus-vivre »*[242], elle œuvre à la guérison[243], et singulièrement à la guérison de l'esprit, dont *seule la grande douleur est l'ultime libératrice*[244].

« Fugitivus errans » [245]

La démission de l'université ouvre une période neuve pour Nietzsche. Période de vie nomade, avec ses lieux de prédilection (Sils-Maria en Haute Engadine l'été, Venise, Gênes ou Nice l'hiver), ses longues promenades quoti-

---

[241] *id.*, « Ainsi parlait Zarathoustra », 5, pp. 311-312. Cf. également G. Deleuze, *op. cit.*, p. 5 : *dans l'enfant il y a l'issue tragique.*

[242] EH, « Pourquoi je suis si sage », 2, p. 247.

[243] *ibid.* : *Je me suis à moi-même rendu la santé.*

[244] GS, « Préface », 3, p. 25. Cf. également EH, « Pourquoi je suis si sage », 2, p. 247 : *Je fis de ma volonté de santé et de* ***vie*** *ma philosophie.*

[245] CO III, p. 406.

diennes (de six à huit heures, à l'ombre des arbres, à cause de ses problèmes oculaires), son régime alimentaire strict. Mais aussi période d'intenses souffrances[246] physiques (migraines régulières, avec nausées, durant plusieurs jours) et morales (alternance cyclique d'euphorie et de dépression), au terme provisoire de laquelle il parle cependant d'***ivresse** de la guérison* (*cet événement le plus inespéré*)[247].

Une période qui n'est pas non plus synonyme de solitude, puisqu'elle est, au contraire, celle des amours de Nietzsche[248]. Qui plus est de ses demandes en mariage, pourtant toutes refusées : à Mathilde Trampedach, sa traductrice ; à Louise Ott, mariée et mère d'un enfant ; et par deux fois à Lou von Salomé, qu'il avait pressentie en ces termes : *Il me manque un être humain avec lequel je puisse réfléchir sur l'avenir des hommes*[249]. De leurs profonds entretiens, à Rome, puis en Italie du nord, sur les rives du lac d'Orta et lors de l'ascension du Monte Sacro, elle gardera ce souvenir ému : *Si quelqu'un nous avait écoutés, il aurait cru entendre parler deux démons*[250].

La *volonté de santé* de Nietzsche, ainsi que la joie qui l'accompagne, sont perceptibles dans la tonalité et le style

---

246 CO IV, p. 7 : *Mon existence est un **fardeau terrible**.*
247 GS, « Préface », 1, p. 21.
248 HtH I, « Préface », 1, p. 14 : *une affinité, une égalité magiquement ressentie dans le regard et le désir.*
249 CO, IV, p. 227.
250 L. Andreas-Salomé, *Ma vie*, PUF, 1977, pp. 84-85.

de ce que Daniel Halévy nomme *l'œuvre lyrique*[251] de cette période. Témoin l'éloge d'Epicure, dans *Le Gai savoir* (1882) : *Pareil bonheur, seul quelqu'un qui souffre sans cesse a pu l'inventer, le bonheur d'un œil au regard de qui la mer de l'existence s'est apaisée* (…) : *il n'y eut jamais auparavant pareille modestie de la volupté*[252]. Un livre où s'exprime presqu'à chaque page *la reconnaissance d'un convalescent*[253], en voie de guérison (provisoire) du nihilisme dont participait encore la figure du lion de l'esprit : *Je n'accuserai point, je n'accuserai pas même les accusateurs.* ***Détourner le regard*** *: que ceci soit ma seule négation*[254] *!*

Le nouvel Evangile

Au paragraphe 342, *Le Gai savoir* annonce le grand œuvre de cette période : *Ainsi parlait Zarathoustra* (1883-1885). Plus encore que dans les livres précédents[255], Nietzsche y rompt avec le style de la philosophie, *une langue épaisse dont il ne cesse de combattre la lourdeur*, écrit Georges-Arthur Goldschmidt, ajoutant que le texte revient ainsi *à une sorte de jeunesse de la parole*[256]. Son

[251] D. Halévy, *op. cit.*, p. 323.
[252] GS, § 45, p. 86.
[253] *id.*, « Préface », 1, p. 21.
[254] *id.*, § 276, p. 189.
[255] EH, « Ainsi parlait Zarathoustra », 1, p. 306 : *Peut-être* ***Zarathoustra*** *appartient-il tout entier à la musique.*
[256] APZ, « Préface », p. VIII.

auteur lui-même parle d'*un dithyrambe*[257], et même d'une *symphonie*[258]. Il est vrai qu'on y voit un penseur qui « compose » les idées, qui les compose musicalement, non seulement par variations sur le thème, comme dans les recueils d'« aphorismes », mais aussi par une véritable incantation.

Les accents prophétiques, la multiplication des paraboles, la composition litanique et l'utilisation même du verset biblique : tout contribue à la métaphore du « 5° évangile », qu'on applique souvent au livre. Giorgio Colli, dans une de ses notes sur Nietzsche, en fait même *son œuvre la plus constructive,* ajoutant que c'est *parce qu'il y offre son mythe d'une religion non négative*[259]. Seule une telle inversion de la valeur religieuse dominante peut exprimer ce que Nietzsche nomme ***la passion du oui par excellence***[260]. Aussi Zarathoustra lui- même est-il présenté comme le type (moral) de *la grande santé*[261], créateur de *valeurs neuves sur des tables neuves*[262].

Auparavant, ses discours auront mis en cause, une dernière fois, les multiples fardeaux de la tradition chrétienne (foi, vertu) et de la « culture » moderne (état, masse[263],

---

[257] EH, « Pourquoi je suis si sage », 8, p. 256.
[258] CO IV, p. 353.
[259] G. Colli, *Nietzsche,* « Cahiers posthumes III », Editions de l'éclat, 2000, p. 38.
[260] EH, « Ainsi parlait Zarathoustra », 1, p. 307.
[261] *id.*, 2, p. 308.
[262] APZ, I° partie, « Prologue de Zarathoustra », 9, p. 23.
[263] *id.*, « Des prédicateurs de la mort », p. 57 : *La terre est pleine de gens superflus.*

bonheur), afin de leur opposer de nouvelles valeurs, à commencer par l'évaluation elle-même (sans laquelle *l'existence serait une noix creuse*[264]). La terre (*Le surhumain est le sens de la terre*[265]), la vie (*Je reviens éternellement à cette même vie identique, dans ce qu'il y a de plus grand et dans ce qu'il y a de plus petit*[266], le corps (*Le corps est raison, une grande raison*[267]) : telle est la nouvelle trinité enseignée par ce grand *poème didactique*[268].

Au terme d'une saison de grande solitude, *Ainsi parlait Zarathoustra* est, en effet, un livre d'ouverture, comme en témoigne, non sans ironie, le sous-titre : *Un livre pour tous et pour personne*. De même que l'invocation initiale au soleil : *Que serait ton bonheur si tu n'avais pas ceux que tu éclaires ?* [269]. On comprend dès lors la cruelle déception de Nietzsche, par l'insuccès total de l'œuvre. *Après un appel comme était mon **Zarathoustra**, lancé du plus intime de l'âme,* confie-t-il à son ami Franz Overbeck, *ne pas entendre un seul mot de réponse, rien, rien, seulement la solitude muette multipliée*[270].

L'échec d'*Ainsi parlait Zarathoustra* signe celui de cette période de l'esprit-enfant chez Nietzsche. Ni le « surhumain », ni l'« éternel retour » ne furent alors compris comme les valeurs d'affirmation vitale (un *vrai gas-*

---

[264] *id.*, « Des mille et un buts », p. 79.
[265] *id.*, « Prologue de Zarathoustra », 3, p. 8.
[266] *id.*, III° partie, « Le convalescent », p. 317.
[267] *id.*, I° partie, « Des contempteurs du corps », p. 41.
[268] C.P. Janz, *op. cit.* II, p. 487.
[269] APZ, I°, « Prologue de Zarathoustra », 1, p. 3.
[270] Cité par S. Zweig, *op. cit.*, pp. 119-120.

pillage de bonté, déplore-t-il[271]), valeurs destinées à clore le cycle de son nihilisme « actif ». Aussi la figure critique du lion devait-elle réapparaître et lancer ses ultimes et plus beaux rugissements.

Tempo feroce [272] :

Les dernières années (1886-1888) de la vie intellectuelle de Nietzsche sont celles des ruptures personnelles. Rupture avec la famille, à l'occasion des fiançailles, puis du mariage de sa sœur Elisabeth avec le militant nationaliste et antisémite Bernhardt Förster, qu'elle accompagnera au Paraguay, pour y fonder (en vain) une colonie. Rupture avec son éditeur, Schmeitzner, lui aussi antisémite ; rupture qui mène à la réédition de l'ensemble de l'œuvre précédemment publiée par son premier éditeur, Fritzsch[273], et à l'ouverture du cycle de ses textes les plus radicaux. Tout se passe alors comme s'il avait pressenti une fin proche et dû, en un rythme précipité, disputer à la mort (au moins spirituelle) ses pages les plus exaltées.

---

[271] EH, « Pourquoi j'écris de si bons livres », *Par-delà bien et mal*, 2, p. 320.

[272] *id.*, « Généalogie de la morale », p. 321 : *un **tempo feroce** est atteint, où tout se met en branle avec une énorme tension.*

[273] Nietzsche rédige à cet effet des préfaces à la plupart de ses œuvres antérieures. On les trouvera recueillies et publiées sous le titre *Essai d'autocritique et autres préfaces*, Editions du Seuil, « Points, essais », 1999.

Le premier immoraliste [274]

Ayant renoncé à convaincre ses contemporains, Nietzsche écrit désormais pour la postérité. C'est ainsi que *Par-delà bien et mal* (1886), qui est d'ailleurs, selon lui, *pour l'essentiel, une* ***critique de la modernité***[275], a pour sous-titre : « Prélude à une philosophie de l'avenir ». Ce livre et la plupart des suivants – *Crépuscule des idoles* et *L'Antéchrist* (1888) – reprennent *la grande guerre* en vue de *l'inversion des valeurs*[276]. Et c'est à *La Généalogie de la morale* (1887) qu'il revient de dresser la figure vigoureuse du *moraliste se dépassant en son contraire* (***en moi***, précise Nietzsche[277]).

Trois « dissertations » cette fois, c'est-à-dire autant d'écrits argumentés et illustrés, qui rappellent par leur forme ses premiers textes, et dont jaillissent avec force, *visible(s) entre d'épais nuages* (…), *de très déplaisantes vérités*[278]. A commencer par l'interprétation du judéo-christianisme comme la ***révolte des esclaves dans la morale***[279]. Puis, c'est au tour de *l'instinct de cruauté* d'être révélé, dans la barbarie des châtiments, comme *soubassement(s)* de la *«* ***conscience*** *morale »*[280]. Enfin, *l'idéal ascétique* de l'esprit sacerdotal apparaît dans tout le paradoxe

[274] EH, « Pourquoi je suis un destin », 2, p. 334.
[275] *id.*, « Par delà bien et mal », 2, p. 319.
[276] *id.*, 1, p. 319.
[277] *id.*, « Pourquoi je suis un destin », 3, p. 335.
[278] *id.*, « Généalogie de la morale », p. 321.
[279] GM, « Première dissertation », 7, p. 232.
[280] EH, « Généalogie de la morale », p. 321.

d'*un « vouloir-mourir »*, d'*un idéal de* ***décadence***[281]. Cette ultime séquence de la pensée nietzschéenne rend plus explicite que jamais la nécessité pour l'avenir d'*un* ***contre-idéal***[282], d'un contre-type de l'humain : le type aristocratique.

L'opposant au type du prêtre, mais aussi au type du métaphysicien, Nietzsche, dans un chapitre capital de *Par-delà bien et mal* : « Qu'est-ce que l'aristocratie ? », en montre les traits caractéristiques. Le principal étant d'incarner la *morale des* ***maîtres*** (sentiment de supériorité propre aux individus de cette *classe dominante*, sentiment qui préside à la création de valeurs « nobles », nées de *l'opposition « bon » - «* ***mauvais*** *»*[283]). On notera que Nietzsche justifie l'exploitation des autres classes par des motifs à la fois naturels (*vivre, c'est* ***essentiellement*** *dépouiller, blesser, dominer ce qui est étranger et plus faible, l'opprimer*[284]) et culturels (*Jusqu'ici toute élévation du type humain a été l'œuvre d'une société aristocratique, et il en sera toujours ainsi ; autrement dit, elle a été l'œuvre d'une société hiérarchique qui croit à l'existence de fortes différences entre les hommes et qui a besoin d'une forme quelconque d'esclavage*[285]).

---

[281] *ibid.*
[282] EH, « Généalogie de la morale », p. 322.
[283] PBM, § 260, p. 183.
[284] *id.*, § 259, p. 182.
[285] *id.*, § 257, p. 180.

La mort du lion (1889-1900) :

Alors que Nietzsche achève fiévreusement ses derniers livres, notamment *Le Cas Wagner* (où l'on peut lire notamment : *Tourner le dos à Wagner, ce fut pour moi (dangereusement empêtré dans la wagnéromanie) un pur destin.*[286]), ainsi que *Nietzsche contre Wagner* (où le premier écrit du second : *il s'abaissait peu à peu à tout ce que je méprise – même à l'antisémitisme...*[287]), les événements, fastes et néfastes, se précipitent. D'une part, une audience nietzschéenne naît en Europe du nord (George Brandes au Danemark, August Strindberg en Suède) et en France (Hippolyte Taine). Mais, d'autre part, la phase d'euphorie hyperactive, qui l'a porté tout au long de cette période, finit par tourner au délire.

Les fameux « billets de la folie », tantôt signés « Dionysos », tantôt « Le Crucifié », que Nietzsche adresse à ses amis, ainsi qu'aux grands de ce monde (le roi d'Italie, le cardinal Mariani) marquent un violent retour du refoulé, notamment religieux (*Le monde est transfiguré, car Dieu est sur terre*[288]). Et, lorsque, dans les rues de Turin, il est submergé de pitié à la vue d'un cheval battu, ce dernier épisode tragique[289] signe son effondrement psychique.

---

[286] CW, « Avant-propos », p. 17.

[287] NcW, « Comment je me suis affranchi de Wagner », § 1, p. 365.

[288] *Nietzsche*, présenté par Jean-François Pastureau, Perrin, « Autoportraits », 2013, p. 292.

[289] *Dictionnaire Nietzsche*, Robert Laffont, « Bouquins », 2017, p. 892 : Dorian Astor parle de *légende locale*.

Admis, en janvier 1889, dans le service psychiatrique du professeur Otto Binswanger de l'université d'Iéna, sous le diagnostic de « paralysie générale progressive », il y demeurera un an, avant de rejoindre sa mère, à Naumburg, puis, à la mort de celle-ci, sa sœur, à Weimar, où il mourra, le 25 août 1900, au terme des dix dernières années de sa vie, marquées par les symptômes de la paralysie. Une belle formule de l'ami Franz Overbeck résume cette période : *l'impression d'un fier animal blessé qui s'est replié dans un coin pour y mourir*[290].

Cette mort prématurée, à l'âge de cinquante-six ans, est au cœur de ce que l'on peut nommer, sur un plan pathologique, « le cas Nietzsche ». Selon Karl Jaspers, *il est indispensable de connaître le détail de ses maladies, d'en distinguer les significations possibles, et de rappeler son attitude par rapport à la maladie »*[291]. Il n'y a pas, en effet, une maladie (en l'occurrence la « paralysie générale »), mais plusieurs maladies, à la fois physique, psychosomatique, psychologique, qui se succèdent, avant de se cumuler de manière complexe, relativement organisée cependant, et même positive, dans une certaine mesure, en ce qui concerne en tout cas le rapport avec la pensée. *Il est nécessaire* (...) *de jouir de temps en temps de notre folie,*

---

[290] F. Overbeck, *Souvenirs sur Nietzsche* (1906), Paris, Allia, 1999, p. 100.

[291] K. Jaspers, *op.cit.* pp. 92-93.

peut-on lire, en effet, sous la plume de Nietzsche, *pour continuer à jouir de notre sagesse*[292] *!*

Ses troubles proprement physiologiques apparaissent dès l'adolescence, avec une myopie prononcée, tard diagnostiquée, et engendrant des migraines ophtalmiques qui n'auront de cesse tout au long de sa vie. Devenu progressivement quasi aveugle, il doit renoncer à lire, puis à écrire lui-même, se faisant remplacer dans ces tâches par ses amis (notamment Carl von Gersdorff et Peter Gast), changés en l'occurrence en secrétaires dévoués et compétents.

Au chapitre des affections psychosomatiques s'inscrivent les nausées prolongées qui accompagnent, dans la maturité, les migraines. Elles scandent les recherches philologiques à l'université, puis l'intense réflexion philosophique d'après la démission, et en marquent de façon symptomatique le surmenage. Leur concomitance avec des phases dépressives ouvre le diagnostic aux aspects les plus proprement psychologiques de la pathologie de Nietzsche.

C'est le point le plus délicat dans l'examen du cas Nietzsche. Et là encore le pluriel s'impose, tant les troubles psychiques se mêlent, sans pour autant se confondre. Habituellement, l'accent est mis sur la démence finale ; le diagnostic désormais admis de « paralysie générale **progressive** » écarte cependant l'étiologie syphilitique habituellement invoquée, affection qui eût provoqué

---

[292] GS, § 107, p. 132. Cf. également FP, in OPC X, 25 [35], p. 31 : *Si on voulait la santé, on supprimerait le génie.*

des effets plus rapides. Cette démence (en tant que lésion organique du cerveau) est-elle la cause du « délire de Turin », précédant l'affaissement intellectuel ? Ou bien un tel accès, de caractère mégalomane, doit-il être rattaché, comme on incline aujourd'hui à le faire, à une psychose (en tant que trouble de la personnalité, lié à son développement affectif), en l'occurrence un « trouble bipolaire » d'oscillation périodique de l'humeur ?

Le journal de Nietzsche adolescent, à Pforta, nous le montre, en effet, sujet à l'alternance thymique : tantôt taciturne et méditatif, tantôt enjoué aux exercices physiques de marche, de patinage, et de natation. Alternance à laquelle prennent une large part, naturellement, les changements de saisons[293]. La correspondance de cette période évoque *ce mélange de sentiments joyeux et de tristesse qu'on nomme mélancolie*[294], et qui lui est familier, du fait même d'une forte émotivité, notable jusqu'en fin d'existence[295]. Ses amis les plus intimes ont également relevé ce trait de sa personnalité. C'est ainsi que Franz Overbeck note une *brusque alternance de profonde dépression et d'exaltation euphorique*[296] ; quant à Lou Salo-

---

[293] PE, « Journal de Pforta », p. 96 : *l'amertume de l'automne.* Cf. également CO, I, p. 65 : *mon bonheur printanier.*
[294] CO I, p. 76.
[295] EH, « Pourquoi j'écris de si bons livres », § 4, p. 281 : *la diversité des états intérieurs est chez moi exceptionnelle.*
[296] F. Overbeck, *op. cit.*, p. 28.

mé *une maladie à retours périodiques*[297] (...), caractérisée par *les hauts et les bas rythmiques de ses états d'âme*[298].

Le professeur Jacques Rogé diagnostique rétrospectivement « un trouble bipolaire de type II » (alternance de phases dépressives et de phases hypomaniaques), à prévalence dépressive jusqu'en 80, à prévalence hypomaniaque jusqu'en 88, puis à chronicité maniaque et *détérioration mentale irréversible*[299] à la fin. Cette pathologie, longtemps nommée « psychose maniaco-dépressive », n'invalide pas pour autant, selon lui, l'œuvre de Nietzsche, l'hypomanie, au contraire de la manie, pouvant constituer une source féconde de créativité, chez un être de génie.

L'interprétation psychanalytique, quant à elle, met en avant certains thèmes de l'« Œdipe » nietzschéen : le fantasme (si caractéristique, selon Freud, du « roman familial des névrosés ») d'une origine noble[300] ; l'expérience élective de l'amitié masculine, pouvant évoquer chez lui l'homosexualité latente (notamment dans ses relations avec son collègue philologue et ami Erwin Rohde[301] ; la recherche constante de paternités de substitution (avec Wagner, en premier lieu[302]). Toutes façons de neutraliser,

---

[297] L. Andreas-Salomé, *Friedrich Nietzsche à travers ses œuvres*, Paris, Grasset, 1992, p. 36.
[298] *id.*, p. 37.
[299] J. Rogé, *Le syndrome de Nietzsche*, Editions Odile Jacob, 1999, p. 14.
[300] Cf. supra, pp. 16-17.
[301] CO I, p. 637 : *Ah ! toi qui es le plus cher de mes amis, je crois que le jeune marié éprouve des sentiments du même genre que les miens.*
[302] EH, « Pourquoi je suis si sage », 3, p. 249 : *Richard Wagner était de loin l'homme avec qui j'avais le plus de parenté.*

symboliquement ou non, la figure problématique de l'ascendance paternelle. D'où l'application à Nietzsche de l'explication lacanienne de la psychose par la « forclusion du nom du père »[303].

Au-delà de l'aspect technique, ce qui importe dans la pathologie de Nietzsche, c'est la possibilité qu'elle lui offre, dans l'expérience qu'il a de sa bipolarité, d'interpréter comme antithèse de santé et de maladie l'opposition des valeurs morales : *A partir de l'optique malade, considérer les notions et les valeurs* ***plus saines****, puis, à l'inverse, à partir de la plénitude de la vie* ***riche****, regarder, en contrebas, le travail secret de l'instinct de* ***décadence***[304]. Dans les ultimes moments de sa vie intellectuelle, c'est encore la voix de Zarathoustra que Nietzsche fait retentir jusque dans la sienne : *son propre savoir s'accroît de sa propre souffrance*[305]. De là ce paradoxe final d'une *santé débordante qui se plaît à recourir à la maladie elle-même*[306].

---

303 Philippe Cadiou, https :/www.Webnietzsche.fr/mélancolie. htm : *Nietzsche va construire Dionysos sur le mode d'une métaphore délirante, comme substitution à la métaphore paternelle manquante.*

304 EH, « Pourquoi je suis si sage », 1, pp. 246-247. Cf. également CW, « Avant-propos », pp. 17-18 : *Si l'on s'est exercé la vue à déceler les signes du déclin, on comprend aussi la morale (...) : la vie* ***appauvrie****, le vouloir-mourir, la grande lassitude.*

305 APZ, II° partie, « Des sages illustres », p. 142. Cf. également Jean Granier, *Nietzsche*, PUF, « Que sais-je ? », 1982, p. 22 : *l'admirable générosité avec laquelle Nietzsche a su faire de la maladie, jusque dans ses pires tourments, une école de pensée.*

306 HtH I, « Préface », 4, p. 17.

CONCLUSION

Suggéré par l'exergue, le propos de ce livre était de *deviner le peintre*, c'est-à-dire, par métaphore, la personnalité de Nietzsche. Car *on a nécessairement*, n'a-t-il cessé de dire, *la philosophie de sa propre personne*[307]. Son « portrait en devenir » devait donc s'efforcer de retrouver les mouvements intérieurs qui forment peu à peu une personnalité, précisément *une chaîne d'événements, d'efforts, où l'on croit trouver*, nous prévient-il, *les hasards du destin extérieur ou ses caprices baroques,* mais qui *apparaît plus tard comme une voie découverte à tâtons par la main sûre de l'instinct*[308].

Le chameau, le lion et l'enfant : trois emblèmes, trois métaphores conceptuelles pour les métamorphoses spirituelles de Nietzsche. Au sujet d'une telle trilogie, Martial Gueroult a parlé de *structure des expériences*[309] : expérience du devoir (*le fardeau pesant, trop pesant, de son*

---

307 GS, « Préface », 2, p. 22. Cf. également PBM, § 6, p. 26 : *Chez un philosophe, rien n'est impersonnel, sa morale surtout témoigne rigoureusement de* ***ce qu'il est*** *(...).*

308 EA, p. 120.

309 Colloque de Royaumont, *op. cit.*, p. 9.

sérieux[310]) ; expérience de la liberté (*Un jour, mon nom sera associé (...) à un verdict inexorablement rendu* ***contre*** *tout ce qu'on avait jusqu'alors cru*[311]) ; expérience de l'amour (*Plutôt périr que haïr et craindre, et* ***plutôt périr deux fois que se faire haïr et redouter***[312]). Quant à Karl Löwith, il a formulé ainsi : *« Tu dois, je veux, je suis »*, ce qu'il nomme *la clef du système nietzschéen*[313]. Triple fatalité d'un esprit longtemps *asservi* (...) à des *liens à peu près impossibles à rompre* [314] ; puis de sa *volonté d'autonomie dans la détermination de soi-même* [315] ; enfin, de son affirmation, par-delà bien et mal, de valeurs nouvelles : l'*Amor fati* (*ne rien vouloir d'autre que ce qui est* [316]), le « Surhumain » (*un type d'accomplissement supérieur, par opposition à l'« homme moderne »* [317]), l'« Eternel Retour » (*la forme la plus* ***haute*** *d'acquiescement* [318]).

Une fatalité [319] dont l'autre terme est : génie. C'est-à-dire, tout autant qu'un pouvoir d'affranchissement, une charge héroïque telle qu'*il n'existe pas dans la nature de*

---

[310] CI, « Avant- propos », p. 59.
[311] EH., « Pourquoi je suis un destin », 1, p. 333.
[312] HtH II, « Le Voyageur et son ombre », § 284, p. 300.
[313] Colloque de Royaumont, *op. cit.*, pp. 50-51.
[314] HtH, I, « Préface », 3, p. 15.
[315] *id.*, p. 16.
[316] EH, « Pourquoi je suis si avisé », 10, p. 275.
[317] *id.*, « Pourquoi j'écris de si bons livres », 1, p. 278.
[318] *id.*, « Ainsi parlait Zarathoustra », 1, p. 306.
[319] EH, *id.*, p. 334 : *un tel destin* ***fait homme***. Cf. également *id.*, « Pourquoi je suis si sage », 1, p. 245 : *La chance de mon existence, ce qu'elle a d'unique peut-être, tient à ce qu'elle a de fatal.*

créature plus sinistre et plus répugnante que l'homme qui s'est dérobé à son propre génie[320]. Et il est vrai qu'il n'est pas de génie qui ne doive accomplir cette tâche héroïque : jouer à contretemps dans le concert de son époque. Telle fut, en effet, l'« inactualité » de Nietzsche, mise en œuvre avec une exceptionnelle énergie. Car ce que nous nommons fièrement « modernité », loin d'être un « progrès » définitif sur la voie de la « vérité » et du « bien », ne fut pour lui rien d'autre qu'une crise de la culture sans précédent, culture dont l'idéalisme n'avait d'égal que le nihilisme.

***Chaque** phrase de mes écrits contient le **mépris** de l'idéalisme*[321], proclame Nietzsche, précisant par ailleurs qu'*il y a dans le monde plus d'idoles que de réalités*[322] : une formule qui résume sa critique radicale des idéaux. Idéal moral (judéo-chrétien), étant entendu que ***la vie**, au moins, ce n'est pas la morale qui l'a inventée*[323] ; idéal politique (démocrate-socialiste) d'un bonheur pour tous, qui *détruirait le terrain sur lequel se développ(e) la grande intelligence*[324] ; idéal philosophique (métaphysique-rationaliste) d'un monde « vrai », quand *le monde « apparent » est le seul*[325]. Ainsi Nietzsche se voulut « esprit libre », au service d'une civilisation supérieure à ve-

---

320 CIn III, 1, p. 18.
321 *Nietzsche*, « Autoportraits », *op. cit.*, p. 277.
322 CI, « Avant-propos », p. 59. Cf. également EH, « Avant-propos », 2, p. 240 : *Le **mensonge** de l'idéal fut jusqu'ici l'anathème jeté sur la réalité.*
323 HtH I, « Préface », 1, p. 14.
324 *id.*, § 235, pp. 165-166.
325 CI, « La « raison » dans la philosophie, 2, p. 76.

nir. Une civilisation, dans laquelle la force morale d'une humanité d'un type nouveau permettrait de supporter enfin la souffrance existentielle, sans en éprouver ni concevoir de « ressentiment » contre la vie elle-même.

A la question : « qui suis-je ? », l'autoportrait de Nietzsche, dans *Ecce Homo*, donne cette réponse sans détour : *J'ai un sens souverain de la distinction*[326]. A quoi fait écho, dans l'œuvre elle-même, la définition d'un de ses maîtres-livres comme *école du* ***gentilhomme***[327]. C'est là l'instinct qui guide sa destinée intérieure, et qui ne va certes pas parfois sans morgue (plusieurs épisodes en témoignent[328]), mais qui n'en est pas moins aussi le terreau d'une pensée exigeante avec elle-même et sans concession avec l'opinion commune.

Cet « ethos » aristocratique est au cœur des problèmes d'interprétation de la personnalité de Nietzsche. Reconnaissons-lui qu'il n'idéalise en rien les origines de la noblesse[329], ni le poids historique de sa décadence[330]. Et c'est pourquoi il ne plaide nullement pour un retour aux sources (*Nous ne « conservons » rien, nous ne voulons pas non*

---

326 EH, « Pourquoi je suis si sage », 3, p. 249.

327 *id.*, « Par delà bien et mal », 2, p. 318.

328 CO I, p. 651 : A sa famille, consultée sur le choix d'un domestique, il fait cette remarque : *Un exceptionnel degré de sottise me serait intolérable.*

329 PBM, « Qu'est-ce que l'aristocratie ? », § 257, p. 181 : *La caste aristocratique fut toujours, d'abord, la caste des barbares.*

330 Fragment posthume, cité in Friedrich Nietzsche, *La Volonté de puissance* II, Gallimard, « Tel », § 34, p. 25 : *C'est la dégénérescence des maîtres et des classes dirigeantes qui a causé le plus grand désordre de l'histoire.*

plus revenir à aucune sorte de passé[331]). Aussi eût-il condamné le nazisme comme une régression à la barbarie naturelle. D'autre part, il souligne sans cesse qu'*en toutes choses seuls importent les degrés supérieurs*[332]. C'est pourquoi le dionysisme du « surhumain » ne peut être conçu, en dernière analyse, que dans une perspective d'évolution culturelle.

Son premier commentateur en date, George Brandes, notant que Nietzsche *a toujours cru à une hiérarchie naturelle des êtres humains*[333], a parlé de *radicalisme aristocratique* à son propos. Il entendait par là la singularité même d'un *tempérament* (…), *qui n'éprouve que haine et mépris pour la classe, ou la race, opprimée* (…) et *se grise de la joie de puissance de la classe dominante*[334]. On voit combien le langage ici est politique et renvoie à la conception, régulièrement revendiquée par Nietzsche, d'une société hiérarchique, qu'il s'agisse de la Grèce antique[335], ou de l'Inde[336]. C'est dire si la critique nietzschéenne de l'Etat, contrairement à ce que l'on lit parfois, n'est pas de nature libertaire[337], mais bien de nature « réactionnaire ».

---

[331] GS, § 377, p. 285.

[332] PTG I**, 1, p. 214.

[333] G. Brandes, *Nietzsche* (1898), L'Arche, 2006, p. 101.

[334] *id.*, p. 63.

[335] PTG, « L'Etat chez les Grecs », p. 179 : *l'esclavage appartient à l'essence d'une civilisation.*

[336] AC, § 57, p. 225 : ***L'organisation des castes**, la loi suprême et dominante, n'est que la sanction d'un **ordre naturel**.*

[337] Cf. Alfred Fouillée, cité par Jean Lefranc, *Comprendre Nietzsche*, Armand Colin, « Cursus », 2005, p. 19 : *un anarchiste anti-égalitaire.*

S'ils n'ont pas à être tus, ni même édulcorés, les partis pris radicaux de Nietzsche ne sauraient pour autant masquer la hauteur de son combat spirituel. On sait, depuis Arthur Rimbaud, que celui-ci *est aussi brutal que la bataille d'hommes*[338]. Surtout lorsqu'il s'enveloppe d'une si intense solitude [339]. Celle-ci fut, pour Nietzsche, le complément nécessaire d'une tâche dont, au plus profond de lui-même, il se sentait la vocation. Et elle était sans doute, d'avance assumé, le prix à payer de son génie. Car il eut tôt conscience de la singularité de sa pensée et, par conséquent, de la difficulté qu'il aurait à être compris de son temps. Aussi prit-il rendez-vous résolument avec la postérité[340].

Il y eut en Nietzsche une passion, et sans doute une folie, de la **grandeur**. Celle-là même dont on a vu qu'elle le poussa à l'entreprise prométhéenne (réellement titanesque) de défier les dieux. Celle-là même qui le meurtrit mainte fois, avant de le briser. Qu'une telle passion eût sa source dans la plus élémentaire *volonté de puissance* ne change rien au fait qu'elle s'exprime, en fin de compte, sous la forme la plus spiritualisée : celle de la pensée. Et qu'elle se soit en définitive enrichie à l'épreuve continuelle de la douleur, voilà qui est gage à la fois de force et de noblesse.

---

[338] A. Rimbaud, *Une Saison en enfer*, « Adieu ».

[339] FP XIV, 25 [7], p. 380 : *Je suis la solitude faite homme.*

[340] AC, « Avant-propos », p. 159 : *C'est l'après-demain seulement qui m'appartient. Certains naissent posthumes.*

POSTFACE

S'intéresser à Nietzsche n'a rien d'une expérience ordinaire. Gilles Deleuze dit même, de manière fort crue[341], qu'on n'est jamais sûr d'en sortir indemne. Mais c'est aussi une chance : celle de se déprendre de la part la plus vulnérable de soi. Aussi le jeu en vaut-il toujours la chandelle.

On s'aventure rarement seul à la rencontre de Nietzsche : des intercesseurs sont souhaitables. A bien y regarder, l'auteur de ce livre, s'est confié plus volontiers à ceux dont rien à priori ne les prédestinait à cette rencontre. A commencer par les marxistes, du moins ceux de la période poststalinienne. *La radicalité et l'honnêteté de (la) pensée* de Nietzsche, affirme, pour sa part, l'un deux, Mazzino Montinari, *conviennent précisément à ces lecteurs non disposés à devenir ses adeptes.* Et il nous aura donné cette motivation supplémentaire : *Sans devenir*

[341] G. Deleuze, *Pourparlers*, « Lettre à un critique sévère », Les éditions de Minuit, 1990, p. 15 : *Des enfants dans le dos, c'est lui qui vous en fait.*

nietzschéen, je lisais Nietzsche comme critique des idéologies[342].

Nietzsche, critique lucide des idéologies ou, selon son expression, des morales[343], certes. Mais cela n'implique pas, bien au contraire, qu'il n'y ait d'idéologie propre, notamment politique[344], de Nietzsche. Domenico Losurdo, selon lequel il est, au contraire, *un philosophe* ***totus politicus***[345], a montré combien son prétendu manque d'intérêt pour cette question est un des thèmes habituels de la défense de Nietzsche[346]. Il n'en récuse pas moins les interprétations les plus dommageables à sa pensée : *la prophétie de l'univers concentrationnaire hitlérien*, d'inspiration raciale, d'une part ; *la prophétie de l'individualisme postmoderne*[347], à connotation libertaire, de l'autre.

On voit la nécessité d'établir, avec Nietzsche, les nuances[348] de sa pensée, fût-elle radicale. « Immoraliste »,

---

342 M. Montinari, *« La Volonté de puissance » n'existe pas*, *op. cit.*, p. 106.

343 PBM, § 187, p. 100 : *les morales ne sont pas autre chose que le* ***langage symbolique des passions***.

344 Dans *L'Ontologie politique de Martin Heidegger*, Les éditions de Minuit, 1988. Pierre Bourdieu montre que la « philosophie pure » n'est rien d'autre qu'une prise de position politique qui ne s'énonce que philosophiquement.

345 D. Losurdo, *Nietzsche,* « le rebelle aristocratique », Editions Delga, 2016, p. 815.

346 *id.*, p. 985 : Losurdo parle d'*herméneutique de l'innocence* de Nietzsche.

347 D. Losurdo, *Nietzsche, philosophe réactionnaire,* Editions Delga, 2007, p. 113.

348 EH, « Le cas Wagner », 4, p. 331 : *Malheur à moi qui suis une* ***nuance*** *!*

assurément, mais non point amorale ; antijudaïque (si l'on entend par là une critique philosophique du *peuple sacerdotal*), mais finalement démarquée de l'antisémitisme ; non pas traditionaliste (à la de Maistre), ou encore aristocratique-libérale (à la Tocqueville), mais bel et bien révolutionnaire (« antimoderne ») ; détachée aussi, en fin de compte, du darwinisme, mais afin de mieux renchérir sur lui, la prétendue « sélection des plus forts » n'engendrant en réalité, pensait-il, que l'inévitable domination des types inférieurs[349], et le fameux « struggle for life » n'étant rien d'autre qu'un combat pour survivre physiquement, et non pas pour croître spirituellement[350].

Il n'est pas jusqu'aux non-nietzschéens eux-mêmes à qui ce livre ne soit tant soit peu redevable. Et ce d'autant plus s'ils reconnaissent, comme Luc Ferry et Alain Renaut, que, grâce à Nietzsche, notamment, *les écailles nous sont tombées des yeux : nul ne croit plus aujourd'hui au Savoir absolu, au sens de l'histoire ou à la transparence du sujet*[351]. Ce n'est pas là le moindre paradoxe de celui dont Domenico Losurdo concluait qu'il est à ce jour *le plus grand penseur parmi les réactionnaires et le plus grand réactionnaire parmi les penseurs*[352].

[349] CI, « Divagations d'un inactuel », § 14, p. 66 : *Les faibles l'emportent de plus en plus sur les forts : - c'est qu'ils ont pour eux le nombre, et c'est aussi qu'ils sont* ***plus intelligents***.
[350] *ibid.* : *Darwin a oublié l'esprit* (…).
[351] *Pourquoi nous ne sommes pas nietzschéens,* « Préface », Le Livre de Poche, « Biblio essais », 1991, p. 8.
[352] D. Losurdo, *Nietzsche, philosophe réactionnaire*, p. 113.

BIBLIOGRAPHIE

Biographies :

Charles Andler, *Nietzsche*, « sa vie et sa pensée », I, II, III (1920-1931), Gallimard, 1958. Le grand historien de Nietzsche. Traite notamment des héritages reçus (Goethe et Schopenhauer, Montaigne et Pascal, Emerson).

Daniel Halévy, *Nietzsche* (1944), Grasset, « Pluriel »,1977. Marque le caractère culturel d'une *pensée élitaire*.

Curt Paul Janz, *Nietzsche*, « Biographie », I, II, III, Gallimard, 1984, 1985. *Expressément en deçà d'une interprétation ou d'une évaluation philosophique*, exploite efficacement la correspondance.

Dorian Astor, *Nietzsche*, Folio « biographies », 2011. Nietzsche, *« un lutteur contre son temps »*.

Rüdiger Safranski, *Nietzsche*, « Biographie d'une pensée », Solin/Actes sud, 2000. Genèse d'*une tentative pour adhérer à la vie*, notamment par l'art.

Domenico Losurdo, *Nietzsche,* « philosophe réactionnaire ». Pour une biographie politique. Editions Delga, 2007. Montre *la radicalité du projet réactionnaire*.

Domenico Losurdo, *Nietzsche,* « le rebelle aristocratique ». Biographie intellectuelle et bilan critique, Editions Delga, 2016. Nietzsche, penseur **politique**. Un monument.

Portraits :

Georg Brandes, *Nietzsche,* « Essai sur le radicalisme aristocratique » (1890), L'Arche 2006. Le premier commentateur en date de Nietzsche.

Paul Deussen, *Souvenirs sur Frédéric Nietzsche* (1901), Gallimard, 2001. Par l'un des condisciples de Pforta.

Franz Overbeck, *Souvenirs sur Nietzsche* (1906), Paris, Allia, 1999. *Le problème Nietzsche*, par *l'ami le plus intelligent* (Gilles Deleuze).

Lou Andreas-Salomé, *Friedrich Nietzsche à travers ses œuvres* (1894), Paris, Grasset, 1992. *Portrait de sa physionomie spirituelle.*

Stefan Zweig, *Nietzsche* (1930), Stock, « La Bibliothèque cosmopolite », 1999. Portrait littéraire d'un penseur, vu en héros romantique et tragique, dans *l'espace vide de l'idée*.

Giorgio Colli, *Après Nietzsche*, Editions de l'Eclat, 1987. Par l'initiateur et maître d'œuvre (avec Mazzino Montinari) de l'édition des *Œuvres philosophiques complètes*.

Roger-Pol Droit, *La Compagnie des philosophes*, « Un mauvais garçon », pp. 238-252, Odile Jacob, 1998. Un chapitre éclairant.

Mazzino Montinari, *Friedrich Nietzsche*, PUF, « Philosophies », 2001. Portrait biographique, en guise d'*introduction à la pensée de ce philosophe*, par l'autre maître d'œuvre (avec Giorgio Colli), des *Œuvres philosophiques complètes*.

Patrick Wotling, *Nietzsche*, Le Cavalier bleu, « Idées reçues », 2009. Portrait intellectuel *d'un penseur de la culture*.

Nietzsche, présenté par Jean-François Pastureau, Perrin, « Autoportraits », 2013. *Un portrait du philosophe par lui-même*, à travers un choix de lettres.

Romain Sarnel, Naema Bellart, *Nietzsche*, Max Milo, « Comprendre/essai graphique », 2013. Les *cinq périodes* de Nietzsche.

Morceaux choisis :

Nietzsche, « Vie et vérité », textes choisis par Jean Granier, PUF, 1971. De la critique du nihilisme à la vision de l'éternel Retour.

Nietzsche, « L'Art et la vie », textes réunis et présentés par Philippe Choulet et Hélène Nancy, Editions du Félin, 1996. Invite à *une « juste » lecture* de Nietzsche, *non par adhésion à ses thèses, mais par réalisme.*

Introductions :

Karl Jaspers, *Nietzsche*, « Introduction à sa philosophie », Gallimard, « Tel », 1950. Psychiatre et philosophe, traite avec précision le chapitre si délicat de la maladie.

Gilles Deleuze, *Nietzsche*, PUF, « Philosophes », 1965. Nous lui sommes redevable de la fable conceptuelle du *chameau*, du *lion* et de l'*enfant*.

Nietzsche, « Colloque de Royaumont », Editions de Minuit, 1967. Plusieurs contributions évoquent le schéma des *trois métamorphoses*.

Jean Granier, *Nietzsche*, PUF, « Que sais-je ? », 1982. *Expliquer Nietzsche selon l'esprit et le langage nietzschéens.*

Daniel Pimbé, *Nietzsche*, Hatier, 1997. Analyse la *symbolique* des *trois métamorphoses*.

Jean Lefranc, *Comprendre Nietzsche*, Armand Colin, « Cursus », 2005. Insiste sur la *fusion du philosophique et de l'autobiographique.*

Patrick Wotling, *La Philosophie de l'esprit libre. Introduction à Nietzsche*, Flammarion, « Champs essais, 2008. *Dissiper le sentiment d'arbitraire qui peut accompagner la rencontre de Nietzsche.*

Monique Dixsaut, *Nietzsche,* « Par-delà les antinomies », Vrin, « Bibliothèque d'Histoire de la Philosophie », 2012. *Dionysos philosophos* ou *Socrate musicien.*

Céline Denat, Patrick Wotling, *Dictionnaire Nietzsche*, Ellipses, 2013. Synthèse de la pensée de Nietzsche, dans ses nuances les plus fines.

Les cahiers de L'Herne, *Friedrich Nietzsche*, Flammarion, « Champs classiques », 2014. Le meilleur de l'édition 2004.

Emmanuel Salanskis, *Nietzsche*, Les Belles Lettres, « Figures du Savoir », 2015. Une *neutralité méthodique* au service d'une lecture d'une grande précision et d'une probité exemplaire.

Dictionnaire Nietzsche (Sous la direction de Dorian Astor), Robert Laffont, « Bouquins », 2017. Une somme indispensable.

Monographies :

Gilles Deleuze, *Nietzsche et la philosophie*, PUF, « Bibliothèque de philosophie contemporaine », 1962. Mobilise *l'antidialectique absolue* de Nietzsche contre *la nouvelle pensée bariolée* (*hégélianisme, nietzschéisme, husserlianisme*).

Eric Blondel, *Nietzsche : le cinquième « Evangile » ?*, Les Bergers et les Mages, 1980. Entre autres *nuances* de Nietzsche : *l'athée chrétien.*

Michel Haar, *Nietzsche et la métaphysique*, Gallimard, « Tel », 1993. Important pour la rupture de Nietzsche avec Schopenhauer.

Mazzino Montinari, *« La Volonté de puissance » n'existe pas,* Editions de l'Eclat, 1996. Le *retour à Nietzsche.*

Patrick Wotling, *Nietzsche et le problème de la civilisation*, PUF, « Quadrige », 2012. Voit dans la culture *le problème organisateur de l'enquête nietzschéenne.*

J. Rogé, *Le syndrome de Nietzsche*, Editions Odile Jacob, 1999, p. 14. Fait autorité sur les troubles psychiques de Nietzsche.

Collectifs :

Pourquoi nous ne sommes pas nietzschéens, Le Livre de Poche, « Biblio essais », 1991. *Penser avec Nietzsche contre Nietzsche.*

Pourquoi nous sommes nietzschéens, Les Impressions nouvelles, 2016. Ouvrage coordonné par Dorian Astor et Alain Jugnon. *Pour continuer à lire et penser les livres de Nietzsche.*

TABLE DES MATIERES

Philosophie

aux éditions L'Harmattan

Dernières parutions

L'ART (D'ÊTRE) IDIOT
Truchaut Pierre J. – Préfaces de Marc Lasuy et Philippe Godin
Qu'est-ce qu'un idiot ? Pourquoi cette figure est-elle digne d'intérêt ? L'idiot n'est peut-être pas le personnage que l'on croit. Il est loin d'être crétin, imbécile ou débile ! L'idiot est cet être fort qui agit de lui-même contre vents et marées, qui de sa propre initiative se comporte et crée en fonction de règles qu'il s'est lui-même prescrites. L'idiot, c'est cet être intelligent qui n'a pas besoin de le prouver mais qui incite les autres à s'interroger sur leur propre mode de vie et cela à son insu.
(28.00 euros, 284 p.)
ISBN : 978-2-343-13472-7, ISBN EBOOK : 978-2-14-005274-3

LA COURONNE OFFERTE
Le saint-simonisme et la doctrine de l'espérance
Carlisle Robert B. – Traduit de l'anglais par René Boissel
Saint-Simon, penseur fécond et original, avait prophétisé l'avènement d'une nouvelle société. Devait se substituer à l'ordre ancien le règne des savants, des artistes et des industriels, pour la paix et une prospérité sans précédent. Grâce à la coopération de toutes les classes sociales, « la classe la plus pauvre et la plus nombreuse » sortirait de sa condition. Ses disciples créeront la religion saint-simonienne, dont le versant rationnel et technique sera mis en place sous le Second Empire. Robert B. Carlisle nous raconte la genèse de cette aventure qui influencera notre politique industrielle.
(Coll. Ouverture Philosophique, 28.00 euros, 268 p.)
ISBN : 978-2-343-08370-4, ISBN EBOOK : 978-2-14-005390-0

CRÉATION ET CHANGEMENT
Savadogo Mahamadé
Interrogeant le sens de la relation entre une œuvre et son auteur, cet ouvrage élabore une réflexion qui dévoile le profil du créateur, envisage l'évolution de l'œuvre et s'arrête sur la relation entre création et socialisation. Le rapport entre culture et création et celui entre création et changement social indiquent des passages entre la théorie de la création et la philosophie de l'histoire d'un côté et entre elle et la philosophie politique de l'autre. En définitive, l'enjeu de l'élaboration d'une théorie philosophique de la créativité va bien au-delà de la réhabilitation de la philosophie de l'art, hantée par « la mort de l'art ».
(Coll. Ouverture Philosophique, 19.50 euros, 186 p.)
ISBN : 978-2-343-13517-5, ISBN EBOOK : 978-2-14-005282-8

HEIDEGGER ET L'ESSENCE DE LA POÉSIE
Balazut Joël
L'une des voies d'accès à l'œuvre de Heidegger est son interprétation de la poésie. Bien comprise, elle n'aurait rien à voir avec l'expression d'une subjectivité, mais manifesterait la vérité originelle. Elle constituerait ainsi l'essence profonde de la langue comme dévoilement d'un monde et forme originelle de la pensée. S'efforçant de mettre au jour le sens de cette conception ontologique de la poésie, ce livre aboutit à une lecture cohérente et complète de l'œuvre heideggérienne. La déconstruction n'est pas contre la philosophie : elle répond à la question de l'être.
(Coll. Ouverture Philosophique, 14.00 euros, 124 p.)
ISBN : 978-2-343-13483-3, ISBN EBOOK : 978-2-14-005230-9

LA LEÇON DE PHILOSOPHIE DE SOCRATE À ÉPICTÈTE
Lecture des *Entretiens*
Lombard Jean
Les *Entretiens* d'Épictète, notes de cours rédigées par un disciple, éclairent la problématique de la leçon et sa place dans la réflexion pédagogique antique et moderne. La leçon de philosophie a eu dès l'origine la particularité d'être à la fois une leçon comme une autre et une leçon qui ne ressemble à aucune autre. Les *Entretiens* montrent une évolution majeure de la leçon en tant qu'espace du discours à l'heure du stoïcisme héroïque : ils portent à des sommets les schémas hérités du socratisme fait pour interpeller et y ajoutent une fonction de subversion venue du cynisme. Épictète fait ainsi de la leçon philosophique un modèle.
(Coll. Éducation et philosophie, 17.50 euros, 164 p.)
ISBN : 978-2-343-13671-4, ISBN EBOOK : 978-2-14-005358-0

LIBERTÉ
Walch Guy
Lire Spinoza au XXIe siècle en relisant une vie contemporaine ? C'est se résoudre à regarder le monde sans fausses craintes ni faux espoirs. Amender les évidences, les opinions savantes et publiques. Regarder le monde en comprenant que chaque chose y est singulière. Plus les choses singulières sont intelligées, plus la nature infinie l'est. Ce thème éclaire les rapports entre imagination et connaissance, durée et éternité, ou encore écologie globale et nature de la liberté. On ne peut ni connaître ni donc aimer l'infini comme tel, seulement les choses singulières connaissables, dans la proximité immense de la part d'univers de l'homme.
(Coll. Ouverture Philosophique, 45.00 euros, 562 p.)
ISBN : 978-2-343-13448-2, ISBN EBOOK : 978-2-14-005342-9

MACHIAVEL ET LES CONJURATIONS POLITIQUES
La lutte pour le pouvoir dans l'Italie de la Renaissance
Campi Alessandro
Le thème de la conjuration est central dans l'œuvre de Machiavel. Il la conçoit comme un instrument de conquête du pouvoir et comme une technique de lutte politique. Cet ouvrage contredit une interprétation répandue selon laquelle Machiavel se serait limité à mettre en garde contre les conjurations. En réalité, il a élaboré une authentique phénoménologie ou anatomie de la conjuration. Ses réflexions représentent un manuel pratique pour le « coup d'État » et la conquête

violente du pouvoir. Mais elles comprennent aussi des intuitions pertinentes en psychologie politique, sociologie du pouvoir et anthropologie sociale.
(Coll. Ouverture Philosophique, 19.00 euros, 182 p.)
ISBN : 978-2-343-13238-9, ISBN EBOOK : 978-2-14-005267-5

LA PHÉNOMÉNOLOGIE À L'ÉPREUVE DE LA VIE SAPIENTIALE AFRICAINE
Dominique Kahang'a Rukonkish à l'école de la philosophie de Michel Henry
Mawanzi César
En s'interrogeant sur la visée phénoménologique de maturité de la vie africaine, la pensée de Kahang apparaît fortement imprégnée par une expérience de la temporalité de l'homme africain, capable d'assumer son destin devant l'histoire. Soucieux de bâtir un État de droit, un espace public en Afrique enrobé dans les valeurs républicaines et démocratiques, Kahang appelle à construire une éthique du pouvoir et de la responsabilité, fondée sur les principes de reconnaissance et de justice.
(Coll. Études africaines, 39.00 euros, 452 p.)
ISBN : 978-2-343-13459-8, ISBN EBOOK : 978-2-14-005242-2

LA RE-CENTRATION DE L'HOMME
Réflexions philosophiques sur la question du devenir de l'humain à l'ère des technosciences et des postulats de la laïcité
Mouchili Njimom Issoufou Soulé, Manga Bihina Antoine
Cet ouvrage est un ensemble de textes abordant, à partir des thématiques multilatérales, une question centrale portant sur la re-centration de l'homme. Il s'est agi, pour chacun des auteurs, suivant sa sensibilité philosophique, de savoir si l'homme n'est plus le centre ou au centre du monde. En fait, avec l'économie libérale, une rationalité (bio)-technologiquement conditionnée et enfin une sécularisation de l'humain, l'homme est dans l'obligation de penser les conditions d'une redéfinition de son exceptionnalité.
(Coll. Ouverture Philosophique, 25.00 euros, 252 p.)
ISBN : 978-2-343-13110-8, ISBN EBOOK : 978-2-14-005328-3

ROBOTS TERRESTRES PARMI LES HOMMES
Une analyse comparative d'un système d'arme en gestation entre les États-Unis, la Chine, la France, Israël et la Russie
Rieutord Dylan
Si la nature de la guerre sera toujours la même, son caractère change avec les sociétés. Les grandes puissances mondiales ont amorcé la course à l'armement robotisé. La robotisation de l'esprit est déjà une réalité. Quid de son application dans l'armée ? Les robots changeront-ils le visage de la guerre ? Cet ouvrage compare cinq puissances : les États-Unis, la Russie, la Chine, Israël et la France. Les perspectives stratégiques et tactiques mènent à repenser la façon de faire la guerre.
(Coll. Épistémologie et philosophie des sciences, 26.00 euros, 250 p.)
ISBN : 978-2-343-12966-2, ISBN EBOOK : 978-2-14-005254-5

PASSION DE LA PENSÉE
Lecture de Heidegger
Jouard Jean-Pierre Emmanuel
Ce livre veut restituer la clarté de cette œuvre difficile que sont les *Contributions à la philosophie* de Heidegger, non pas en en récusant l'obscurité, mais en reconnaissant l'obscur essentiel de l'Être dans sa vérité d'événement : car penser signifie répondre à l'événement de l'Être, suivant un questionnement rigoureux qui s'appelle ici Passion de la pensée.
(Coll. Ouverture Philosophique, 39.00 euros, 504 p.)
ISBN : 978-2-343-13375-1, ISBN EBOOK : 978-2-14-005287-3

SCIENCE ET MÉTAPHYSIQUE
Sous la direction de Banywesize Emmanuel M.
Par-delà la résolution synthétisante de la vieille énigme qui concerne la différence de nature qui existe entre les deux branches des rationalités que sont la science et la métaphysique, il s'agit dans ce livre d'expliquer comment la science a marqué le destin de la philosophie contemporaine, dans ses bifurcations et ses renoncements, mais avant tout dans ses racines les plus profondes et les plus fécondes, c'est-à-dire la métaphysique avec ou sans histoire scientifique.
(25.50 euros, Cahiers épistémo-logiques 6, 238 p.)
ISBN : 978-2-343-13520-5, ISBN EBOOK : 978-2-14-005337-5

TRILOGIE DES PLUS LARGES HORIZONS QUI SOIENT ET QUI PUISSENT ÊTRE
Comment ? Pourquoi ? Et vers quoi ?
Aumont Michèle
« Les larges horizons » ne peuvent être qu'« ignatiens » sous ma plume. Mais peu savent que j'ai osé déjà me dire « ignatienne 100 % », comme je le déclare ici. Par ce livre, tous apprendront comment cela s'est fait et pourquoi. Peut-être devineront-ils jusqu'où cela peut aller et combien c'est important pour notre monde et à notre époque. Mes anciens et nouveaux lecteurs apprendront par quels sentiers je suis passée pour découvrir, avec Ignace de Loyola, jusqu'à quels horizons il en est venu à s'ouvrir.
(Coll. Ouverture Philosophique, 14.00 euros, 120 p.)
ISBN : 978-2-343-13254-9, ISBN EBOOK : 978-2-14-005234-7

Structures éditoriales du groupe L'Harmattan

L'Harmattan Italie
Via degli Artisti, 15
10124 Torino
harmattan.italia@gmail.com

L'Harmattan Hongrie
Kossuth l. u. 14-16.
1053 Budapest
harmattan@harmattan.hu

L'Harmattan Sénégal
10 VDN en face Mermoz
BP 45034 Dakar-Fann
senharmattan@gmail.com

L'Harmattan Cameroun
TSINGA/FECAFOOT
BP 11486 Yaoundé
inkoukam@gmail.com

L'Harmattan Burkina Faso
Achille Somé – tengnule@hotmail.fr

L'Harmattan Guinée
Almamya, rue KA 028 OKB Agency
BP 3470 Conakry
harmattanguinee@yahoo.fr

L'Harmattan RDC
185, avenue Nyangwe
Commune de Lingwala – Kinshasa
matangilamusadila@yahoo.fr

L'Harmattan Congo
67, boulevard Denis-Sassou-N'Guesso
BP 2874 Brazzaville
harmattan.congo@yahoo.fr

L'Harmattan Mali
Sirakoro-Meguetana V31
Bamako
syllaka@yahoo.fr

L'Harmattan Togo
Djidjole – Lomé
Maison Amela
face EPP BATOME
ddamela@aol.com

L'Harmattan Côte d'Ivoire
Résidence Karl – Cité des Arts
Abidjan-Cocody
03 BP 1588 Abidjan
espace_harmattan.ci@hotmail.fr

L'Harmattan Algérie
22, rue Moulay-Mohamed
31000 Oran
info2@harmattan-algerie.com

L'Harmattan Maroc
5, rue Ferrane-Kouicha, Talaâ-Elkbira
Chrableyine, Fès-Médine
30000 Fès
harmattan.maroc@gmail.com

Nos librairies en France

Librairie internationale
16, rue des Écoles – 75005 Paris
librairie.internationale@harmattan.fr
01 40 46 79 11
www.librairieharmattan.com

Librairie l'Espace Harmattan
21 bis, rue des Écoles – 75005 Paris
librairie.espace@harmattan.fr
01 43 29 49 42

Lib. sciences humaines & histoire
21, rue des Écoles – 75005 Paris
librairie.sh@harmattan.fr
01 46 34 13 71
www.librairieharmattansh.com

Lib. Méditerranée & Moyen-Orient
7, rue des Carmes – 75005 Paris
librairie.mediterranee@harmattan.fr
01 43 29 71 15

Librairie Le Lucernaire
53, rue Notre-Dame-des-Champs – 75006 Paris
librairie@lucernaire.fr
01 42 22 67 13